イノベーションの大地 北海道

変革をもたらす
人・発想・現場

鷲田小彌太
washida koyata
井上美香
inoue yoshika

言視舎

はじめに

《Boys, be, ambitious.》これが全体の標語《キャッチ・ワード》だ。

北海道のイノベーションという観点から、あえて極論をいとわず問いかけ、解答を見いだす、という執筆態度を貫く。

1　北海道＝ニューフロンティア＝革新ではない。重要なのは、「自生」であるか「新生」であるかにかかわらず、「自立」（Independence）力だ。かぎりなく**北海道と道民のインディペンデンス力を高める法**に焦点を当てる。

2　イノベーションに、大枠、「道外」からと、「道内」からがある。その対比にこだわらない。「外力」が強固な「内力」に転んじる事例にこと欠かないからだ。一見して、「ひ弱」な道民気質を質したい。

3　重要なのは、**人間の頭の中を、行動パターンを変えること**だ。「古い」ものにも、否、古いものこそ、革新の種になる。その種を見いだす。「不易流行」だ。

4　危機のなかにこそ、危機突破＝弁証法／組み替え・構造改革（リストラ）の「鍵」がある。壬申の大乱、応仁の大乱、関ヶ原の戦、明治維新、世界大戦Ⅰ・Ⅱ、高度成長期、バブルの崩壊等は、大変革期であった。日本と日本人は、みごとに諸危機を乗り切って、新しい道を始めた。

破壊／創造だ。北海道と道民はどうか？

5　イノベーションは新装・開店を意味するだけではない。**古きものを選別・引き継ぐとともに、古いものを整理・処分する**ことでもある。ざっくりいえば、「遺産」の選別であり、「遺物」の処断だ。問われるのは、この選別＝処断能力が道民にあるか、否かだ。もちろん、選別は一律ではない。まず迅速・即断の部分を先行し、拙速を避ける部分をゆっくりと追おう。

鷲田小彌太

イノベーションの大地　北海道　目次

第一部　北海道のイノベーション

歴史＝破壊と創造——

鷲田小彌太

1　人——イノベーションの何たるかを理解する

1　**イノベーションの最大因子は、人間（力）**だ。もっと露骨にいえば、知力だ。その突破力は、個人の才能《タレント》に根ざす。この事実は、イノベーションにかぎらず、人間世界の全領域におよぶ。日本人は、このイノベート力で、世界のどこにもひけをとらぬ能力を発揮してきた。いまもしている。こう断言していい。ただし自己評価が低い。

2　北海道は、この人間力で他と劣るところはない。そう思える。ただし、道内住民＝道民はこのイノベーションの最大因子である知力を、自己評価（自覚）し、育て、引き継いでゆく熱意や行動に多少《かなり》とも欠けるところがある。鈍感なので、総じて「平均《アベレージ》」（まあまあ）志向で、ローカリズムに落ち込む傾向にある。なぜか？

3　道内↓道外（世界）↓道内、あるいは道外↓道内（↓道外）という転位《トランスポート》力を「疎外《むし》」しがちだからだ。**この転位力こそ、イノベーションの不可分なエレメントである**（と思える）。

1　文学――イノベーターたち

▼文学の宝庫

文学は「小説《フィクション》」にかぎらない。最も広くとれば、「書かれたもの」あるいは「書かれうるもの」であり、より正確にいえば、「言葉」で組み上がったものすべてを指す。狭義には、言葉の「芸術《アート》」すなわち、組み上げ「かた《アート》」である。「言葉」を活用するのは「人間」だけだ。人間力の源泉は「言葉」であること、まずは、このことを知ってほしい。

ここで小説を取り上げるのは、小説が現代文学の「華」だからだ。かつて和歌が、ついで連歌が、そして俳諧が占めた位置を、明治以降、小説が占めてきた。しかも言葉の現在形は、量的にも、質的にも、重要度を増すことはあっても、減ずることはない。こう断言できる。

だがなぜに、まずは文学なのか？　**人間力で最先端にあるのが、文学で、最後尾にあるのが政治だからだ。**えっ、と思うかもしれない。

北海道には、源氏物語も、平家物語も、南総里見八犬伝（のようなもの）もなく、出発は遅く、素寒貧だった。だが、近代文学の扉を開き、現代文学の新しい扉を開く作家・作品を生み出してきたのだ。文字通り、**文学のイノベーションを敢行した作家**を生み出した。その代表者を列挙しよう。

敗戦前、とりわけ日本が列強《パワーズ》の仲間入りを果たして以降、文学の最前線に立ったのが、**小林多喜二**（1903〜33）、**子母澤寛**（1892〜1968）、**長谷川海太郎**（1900〜33）である。敗戦後は、**伊藤整**（1905〜69）、**原田康子**（1928〜2009）、**佐々木譲**（1950〜）だ。ジャーナリスティックにジャンル分けすれば、各三者は、現代文学／時代小説／推理小説ということになる。北海道は、敗戦前も敗戦後も、日本文学のバラエティに富んだ「宝庫」なのだ。

▼ビジネス力

文学は、文化・精神財（good）だけでない。ビジネス力でもある。まずこのことを強調したい。世界で最大のベストセラー作家は、かのシェークスピアは別格として、ミステリの女王アガサ・クリスティで、デビュー以来、毎年長編一冊、生涯作品総計八五冊を刊行、発行総部数四〇億冊といわれる（2005年推計）。日本では赤川次郎がトップで、五〇〇冊以上・三億冊だ。世界一に対して、わずか一〇分の一以下と思われるかもしれない。そうではないのだ。

クリスティ（英人）は世界各国語に翻訳されての結果だ。対して日本語作品は（中・韓・台を除いて）外国語に翻訳されるチャンスはほとんどない。読者は大部分が日本人で、赤川の三億冊は、クリスティの四〇億冊と比較していささかの遜色もない、といっていい。

司馬遼太郎（1923〜96）は生涯三五〇冊・一億八千冊だ。おそらく死後二十年を経過した現在、二億冊を軽く超えているだろう。大流行（売れた）作家も、物故すると、「研究」や「愛玩」の対象になるが、読まれ・売れなくなる。司馬の本は、亡くなってからも読まれ、売れている稀の稀な例だ。その関連本数も、他を圧している。日本のビジネス界に寄与する度合は、桁違いに大きいとみなしてよい。

司馬の本を出版する版元（大手のすべて）、各社の編集員、印刷所、製本、それに装丁、書店、広告、さらに図書館その他を含めると、一作家の仕事（works）がビジネスに直結する分野の広がりは、中小企業規模に匹敵するだろう。そんな作家が北海道にいるのか？

多喜二『蟹工船』（1929）は、左翼プロレタリア文学の「頂点」という評価を受けたが、文庫本でほそぼそと読まれ続けてきたにすぎなかった。だが発刊八十年後、左翼意識やプロレタリア文学とさえほとんど無関係（な読者）に読まれ、リバイバル・ブームを引き起した。

小樽高商で多喜二の下級生だった**伊藤整**は、詩集**『雪明かりの路』**（1925）から出発し、戦中をほそぼそと著述活動を続けていた。だが、戦後、エッセイ**『女性に関する十二章』**（1954）、小説**『火の鳥』**（1953）、同**『氾濫』**（1958）等がベストセラーとなり、日本を代表する小説・評論家になっただけではない。売れる作家になった。整の存在抜きに、日本文学、とりわけ小説と評論を語ることはできない。売れた作家の代表格が、**船山馨**、**渡辺淳一**だ。

▼文学こそはイノベーションだ

文学は文学から生まれる。まさにイノベーションの典型だ。一見、「無」からの創造に近い。小説は「創作」＝「創造」だ。だれでも、自分の人生をモデルに、小説を一冊は書くことができる、とよくいわれる。たしかに、徒手空拳で（無から有を生み出すように）書くことができるかもしれない。しかし読まれうるものになりうるかどうかは、まったく別のことに属する。作品は、言葉で、言葉の組み立てでできあがる。素材と素材の確かな組み方《アート》なしに、家屋を作るのが至難であるのと同じだ。

『源氏物語』は世界に類例のない美しい時代小説《ロマンス》だ。その創作の背骨にあるのは、和歌（『古今集』）であり、歴史書（司馬遷『史記』）である。つまりは「文学」だ。同じように、司馬遼太郎の『燃えよ剣』や『竜馬がゆく』は、**子母澤寛**の『**新選組始末記**』や『**勝海舟**』がなかったら、生まれなかった（司馬『梟の城』は、選考委員であった海音寺潮五郎の奮闘がなければ、直木賞はとれなかった）。これは極論に聞こえるかもしれない。だが「文学は文学から生まれる」他ないのだ。

子母澤寛は、北海道（厚田）が生んだ、新聞記者出身の偉大な時代小説家である。わたしでさえ、三十代に『**勝海舟**』を読んで、「革命」は「保守」の内部に、革命分子と同じ意想をもつ人材・分子がいなければ、不毛に終わるという、歴史の「定則」を身近に感じることができた。この点で、『勝海舟』は『竜馬がゆく』よりはるかに身に迫るものがある。

この子母澤文学の意想を、敗戦後、直接あるいは間接に受け継いだ一人が、**原田康子**ではないだろうか。ただし子母澤はその筆名を在住地（東京大田区子母澤）からとったが、原田は『**挽歌**』が一躍ベストセラーとなり、釧路から札幌に移って、生涯を終えたように、一生を北海道で生きた。（その結果といっては短絡すぎるが、）子母澤は、新選組、国定忠治、小笠原長行《ながみち》、勝海舟等、道外の「敗者」の事跡を掘り起こすことに全力を挙げたが、原田は、北辺防備のために派遣され、北海道の土片となった秋田藩士を主人公とする『**風の砦**』（1983）から、自家の女三代をモデルにした『**海霧**』（2002）まで、時代小説に異風を送り続けた。（残念ながら、北海道における原田の評価は想像以上に低い。三浦綾子や船山馨ていどと見なされている。）

子母澤寛

▼北海道の至宝

北海道の司馬遼太郎はだれか？　これは重要なテーマだ。**長谷川海太郎**は、函館生まれの作家で、三つのペンネーム、**谷譲次**（『**めりけんじゃっぷ**』）で無国籍もの、**林不忘**（『**新版大岡政談**』→『**丹下左膳**』）で時代小説、**牧逸**

馬（**『浴槽の花嫁』**）で実録・怪奇ミステリを書き分け、十年間ベストセラー作家として疾走し、三十三歳で夭折した。それもあってか、一度も郷里函館に顔を向けることなく終わった。だが、その無国籍・無故郷とでもいうべきミステリ小説群は、じつに、かつて無国籍＝国際都市だった「函館」の住人らしい作品なのだ。

「小説」は、なにを・どう書いてもいい。ジャンルを問わない。純文学だの大衆文学だのの垣根はない。「文学」があるだけだ。司馬遼太郎は、こう断じ、世界最初の「小説」の「定義」、「小説の主脳は人情にあり、世態風俗それに次ぐ。」（坪内逍遙）に大変更を加えた。

では、なぜ「小説」なのか、という問いに、小説（書かれたもの＝文学）は、あらゆるものを盛ることができる「器」だからだ、と答える。あるのは文学と文学ならざるもので、司馬のすごいのは、この新定義を司馬自身が黙々と実践したことだ。司馬の作品は「文学」ではない、という暗黙の非難・中傷・拒否反応を見越してである。

こういう司馬の心意気を受け継ぐ作家が、北海道にいるのか。いる、といいたい。少なくとも一人いる。もう一人は時代小説は（いまのところ）書いていない。

佐々木譲（夕張生）は、ミステリ作家だ。国際謀略（冒険）・警察・時代小説の三分野で数々の傑作を生み出し続けている。一冊ずつあげれば**『エトロフ発緊急伝』**（1989）・**『警官の血』**（2007）・**『武揚伝』**（2011）で、そのどれも日本文学の第一線にある。

いま一人は**今野敏**（1955〜　三笠生）だ。**『朱夏』**（1998）はたたき上げの刑事を、**『隠蔽**

捜査』（2005〜）はエリート官僚を配し、組織の「隠蔽」や「犯罪」を組織内から是正する、警察小説だ。古武道家でもある今野が、時代小説を書いたら、どうなる、という期待をついつい もってしまう。二人の作品は、どんどん映像化され、無意識のうちに国民大衆の中に浸透している。さあ、佐々木や今野に続く、二人を超える新作家の登場に、期待しようではないか。

2 政治──政治家不在のなかで

北海道に政治家はいない。なぜか。敗戦まで、北海道には地方自治はなかった。政治家が育たなかった第一の理由だ。

1 北海道は政府機関（開拓使等）の「直属」で、戦後も、道庁のほかに開発庁があり、二重行政（政治経済）が続いた。民間も金融・重鉱工業・化学企業等は、中央の「支店」（出先機関）であった。

2 戦後も、道政は、中央政府・企業の意向を無視できず、政治家は中央政府・官僚の計画や予算配分を度外視して住民の要望に応えることは難しかった。反政府勢力から、開発庁（局）廃止のスローガンさえもあがらなかったのだ。

3 戦後、北海道は、この二重行政に対する不満や怒りを基盤とする、革新（反政府）意識の強い地域となった。だがこの「革新」意識は、北海道と道民が政府に依存し、政治的にも経済的にも自立しようとしない、長い習性（無意識）、ガツンといえば、被害者意識の結果でもあった。たんなる被害者意識からは、イノベーションは生まれない。

4　二十一世紀、グローバル・ワンの時代だ。北海道は、一見、「独立志向」が強いと見なされ、見なしてきた。事実は逆で、証拠は、地方自治の革新《イノベーション》の一つである、道州制と市町村合併を推進する力に乏しいことに現れている。

5　くれるもの（予算）は拒否する必要はない。重要なのは、それを有効に使うかどうか、なのだ。こう、住民ばかりでなく、保守（革新）も革新（保守）も明言しなくても、行動で示している。「自立」の政治も政治家も生まれない理由でもある。

▼道政の「トラウマ」

北海道政治に、トラウマがある。「**開拓史官有物払下げ問題**」（1882）だ。

明治二年、北海道開拓使が開設された。北海道は太政官直属で「自治」のない、経験さえない地域として出発する。明治三年、薩摩の**黒田清隆**が次官となり、明治十五年に開拓史が廃止されるまで、潤沢な国庫資金による黒田（薩閥）政治が展開された。

だが、明治十四年「開拓史官有物払い下げ」が政府内対立とマスコミの「贈収賄」キャンペーンで、閣議決定が覆り、中止になる。このとき、北海道政治経済が、官有官営から民有民営（民活）へ移行する絶好のチャンスが失われた。この「事件」で、ただ同然で払い下げを受ける「主犯」とみなされた**五代友厚**（大阪財界・北海商事）は、払い下げは「タダでも間尺に合わぬ」と考えた（に違いない）のだ。

その後、道政は、三県（函館・札幌・根室）一局の停滞期を経て、再び総理大臣直属の北海道庁に移行したのが明治十九年で、明治二十四年「自治」制が施行されたが、道民には参政権がなく、兵役の義務もない、日本の「番外地」だったのだ。第一転機は日清戦争で、明治二十八年、屯田兵に動員命令が出て、これを機に道に徴兵令が施行（明31）され、明治三十三年ようやく（部分的）参政権が付与された。

道民には、参政権と兵役の義務がなかった（だから漱石の本籍は岩内だった）ばかりか、道に地租条例が施行（明治39）されるまで、「納税」の義務もなかった。つまり、道民は、経済自立の基盤をもたないだけでなく、日本国民（臣民）の第一要件である、納税と兵役の義務をもたない、「半」国民だったのだ。政治家が育つわけがないではないか。

▼田中「革新」道政の憂鬱

敗戦後、最初の総選挙で社会党（マルクス主義）がはじめて政権を握る。だが、期待も空しく、内部抗争（党内左派の予算案反対）で、崩壊の憂き目にあう。

北海道知事の最初の公選は昭和二十二年で、道民は道庁林政部森林計画課兼木材第一課係長で全道職員労組委員長**田中敏文**（35歳）を長官（同年5月知事）に選んだ。戦後「民主主義」が後押しをしただけではない。田中は、清新かつエリート候補で、第二に、保守・民主党候補に対して、革新は候補を田中に絞った結果だ。

田中は、つねに革新王国の先導者という名を背負ったが、まず岩のように立ちはだかったのは占領軍（対ソ防衛）だった。くわえて保守政権は、五〇年に北海道開発庁を新設し、全国公共事業費の「一割」という巨額予算を道と道民に注ぎ込み、露骨な道政奪還を謀った。他方、社会党は労組（最強が炭労と国労と北教祖）とタッグを組み、道庁や市町村役場を利権漁りの場にしてゆく。革新道政が、権力癒着と中央依存型の政治経済の温床となった理由だ。**第二のトラウマ**といっていい。

田中は三期十二年知事を務めた。だが最後は革新勢力に未来を託せない、と四十七歳で不出馬を表明、保守自民に道政を奪われるままにまかせ、政界を引退、社会党と決別する。

北海道庁旧本庁舎

▼横路「革新」道政の断末魔

この田中知事とタッグを組んだのが、同年生まれで、社会党（中央）のリーダー、六〇年反安保勢力の立役者の一人だった**横路節雄**（1911〜67）だが、夭折した。「非革命」派で、町村金吾（自民）と唯一対抗できる「革新」政治家だ。社会党は、マルクス主義的社会主義から脱却し、労組を第一基盤としなくていい、幅広い国民的支持をえるリーダーを待望していた。六九年（28歳）、節雄の長男

孝弘（代議士　1941〜）が衆議院選挙で初当選する。社会党のプリンスの誕生で、横路の登場は日本社会が消費（者）中心の産業構造への転換期と重なる。

社会党北海道には二つのスローガンがあった。中央では万年野党の脱却、道内では六期二十四年遠のいた道政の奪還だ。ともに父節雄が果たせなかった悲願で、孝弘は二つの悲願の担い手になった。この横路、選挙に強い。八三年満を持して知事選に出馬し、大逆転劇を演じた。バブル期だ。湯水のように（土地建物売買）税が集まる。社会の隅にうずくまる人々にも光が当てられる。

だが横路も、中央依存と労組主導の道政を断ち切れず、しかも道庁や市町村役場が集票マシーン、利害調整機関となった。三期十二年、九五年にその任期を終えたとき、「革新王国」の再建はなったが、バブルは崩壊、道財政は赤字転落、しかも横路後継道政がなお二期続く。道政の断末魔期と思えた。

国政に戻った横路は、「第三極」を求めて漂流しだす。社会党には復党せず、九六年、鳩山の民主党に合流、副代表になる。小沢一郎（新進党）の合流後は、その歩みはにわかに乱れだし、宰相候補といわれたこの男も、〇五年、政治家の「最終」ポスト、衆議院副議長に就き、終息期を迎えた。

▼三人の首相候補!?

だが、といいたい。政治（家）不毛の地北海道に、首相候補が三人も同在したのだ。えっ、本当か？　事実だ。それも直近のことだ。

一人は**横路孝弘**、あとの二人は**中川昭一**（1953〜2009）、**町村信孝**（1944〜2015）で、ともに東大出身、大物父親の地盤を引き継いだ二世議員だ。だがだ、三人とも一度も勝負に出ることなく終わり、お鉢はさらに若い安倍晋三に回った。最大理由は、安倍と違って、ブレーンがいなかった。

昭一は、父**一郎**の死を受けて三十歳で初当選、信孝は父金吾の反対にもかかわらず三十八歳で初当選、二人はともに政策通で、重要閣僚ポストを歴任した。だが、ついに首相のポストを奪うことはできなかった。町村は選挙に弱く（人気がなく）「決戦」回避型で、中川は「豪腕」だが、「酒乱」で自滅した。

▼萩原吉太郎は「フィクサー」か？

一つだけつけ加えておこう。開拓期、北海道の独裁者は黒田清隆で、そのバックに政財界に根を張る薩摩閥があった。戦中戦後、北海道政治のバックに君臨したのは、北海道炭礦汽船（三井財閥系）の**萩原吉太郎**（1903〜2011）だ。萩原はよく田中角栄と対比される。だが、北海道の産業界とりわけ炭鉱・観光・不動産・放送業の頂点にあったビジネスリーダーなのだ。中央政界でも暗躍した「フィクサー」のようにいわれるが、「金主」であり、れっきとした旧三菱閥のメンバーである。

もちろん、萩原のビジネススタイルは財閥の通常スタイル、「政商」だ。戦前戦後変わっていない。だが、「貧乏」北炭を優良企業にした。民有（資本主義）だからだ。利益が出なければ、利権漁りに狂奔しても、早晩衰退・破産する。それが資本主義ビジネスの原理だ。じじつ日本のエネルギー産業を牽引した北炭夕張は倒産し、最強といわれた北炭労組は解体した。北の夕張、南の三池の主力はともに三井系であった。その衰退期は、高度経済成長期に始まり、日本産業や労働運動だけではなく、政治経済社会の大転期だったのだ。萩原は軸足を、はやばやと観光や放送へと移す。

以上、北海道の政治家個人の力が貧弱だった、といいたいのではない。北海道に日本政治を牽引する政治基盤、独立清新な人材が育つ政治土壌が脆弱であり、その土壌に定住する道民の政治意識に自立自活する力が稀薄であったからだ。

二一世紀、明治維新から始まって一世紀半余、まずは住民の政治意識から変えようではないか。政治イノベーションの核心部分で、遅いということはない。

▼道州制――政治イノベーションの核心

北海道に**政治イノベーションの基盤**はある。第一に道州制だ。日本の自治体を二区分、①大＝都道府県制↓（都）道州制、②小＝市町村制↓「市」制に変える。これだ。

日本式連邦制で、中央政府の管轄と権限を、国家予算、外交、軍事に制限し、他は都道州政府に委譲する。この点で、都と道に形態上はまったく問題ない。また全国の州区分（8～14案）では、歴史と現状を加味すれば、東京都、北海道、東北・北関東・南関東・北陸・東海・近畿・中国・四国・九州・沖縄の十州、十二に区分する点で、大きな異論は生まれない。

だが、肝心要の北海道は、道州制の成立に意欲を示すように見えて、実際にはそうではない。現勢に見合った自治体単位の拡張（「市町村合併」）に極めて消極的だからだ。イメージでいえば、市町村は一律、最小自治体（＝市）にする。これが原則だ。

かつて最小自治体単位であった「村」は、中心部から一日往復（歩行）可能な広さだった。今日、中心から車で往復可能なのは道州単位だ。最小自治体は、歴史と現状を加味すれば、広域自治体形成がポイントで、その数は律令国制（68＋アルファ［北海道6］）程度で、さして多くある必要はない。なお現実の「自治体」の整理・統合は、都・道・州（政府）に任せればいい。

日本に地方自治がない、中央集権だといわれる。その通りだが、地方自治政府に「政治経済」や「文部厚生」等で、自立自活の意欲が弱いことにもよる。とりあえず、国立大学は、一、二、三を除いて、統廃合の上、全部都・道・州立にするくらいの変革はあっていい。

北海道は、「自治体」を六（～七）地域に分けることができる。面積や人口ではなく、地政学を加味した「機能」で分ける必要がある。もちろん、歴史的経緯を無視できない。**試案を示そう。**新鮮味はさほどないが、現実的だ。

①道都（札幌）米都ワシントンのように、政治・情報・治安等の調整機能。
②道南（函館）青森と経済圏を共有する。（函館・北斗・倶知安＝現行都市群）
③札幌圏　経済文化等、ここに北海道のあらゆる機能が集中する大動脈。（小樽・石狩・江別・千歳・恵庭・北広島）
④道央（苫小牧）札幌圏を取り囲む農・工地域だ。（室蘭・岩見沢・美唄・滝川）
⑤道東（釧路）漁・農に特化。（⑤東南＝釧路・帯広・根室と⑦東北＝網走・北見・紋別に区分可）
⑥道北（旭川）（旭川・留萌・名寄・稚内）

もちろん、都市とその周辺地域は、ネット・ワークで結ばれる。北海道は、札幌を中核（道都）とするが、インターシティ（都市間）社会になる。車・空港・鉄道・情報で緊密に結び合わさった社会だ。

3　農業――正真正銘のニューフロンティアとは？

1　北海道は農業王国、あるいは食糧基地ともいわれる。間違ってはいない。だが正確でもない。

2　たしかに明治維新以降、開拓史が創設され、未「墾」の北海道は「食糧」基地と見なされ、政府主導の農政が展開された。そのモデルとなったのが、一八七一年（明4）米大統領の推挽で開拓史顧問とし来日したケプロン（ホーレ、米農務省長官、在日4年）の人事に現れているように、米式大農法であった。大摑みにいえば、「米式（大農法）酪農の展開」と「北海道に稲作は向かない、麦作でゆくべきだ。」だ。牛（乳・肉）と麦（パン）の生産で、まさに「ニューフロンティア」にふさわしい。

3　だが、北海道開拓の基本方針（10年計画）は立ったが、現実には、北海道の農業や鉱業の展開は、その**米国式の修正・転換**《イノベーション＝リストラ》であったのだ。

▼「開拓計画」は「絵に描いた餅」

北海道の酪農の「父」はエドウィン・ダンで、日本酪農の「父」はダンの弟子、**町村金弥**（1859〜1994　札幌農学校二期生）だ、とまずいおう。

明治初期、ダンは開拓使に雇われ来日、牛と羊をつれてオハイオ州から真駒内に入り、牧場（官営）を開いた。ダンは、開拓使廃止で北海道を離れるが、その意志を継いだのが金弥だ。内村鑑三、新渡戸稲造、宮部金吾、南鷹次郎等、そうそうたる同期生に囲まれていたが、金弥こそ北海道の酪農開拓の種を蒔く。

そして金弥の弟子が、アメリカ留学（87〜90）を敢行し、日本に近代牧場をはじめて開いた**宇都宮仙太郎**（1866〜1940）だ。町村金弥は、日本にアメリカ式大農場経営を根づかせようとするが、月形農場も、新十津川農場も失敗だった。消費地から離れていたからだ。宇都宮の成功は、牧場を酪農製品消費地（札幌）に近接させ、アメリカに移住したデンマーク人の農場経営をモデルにする中規模経営を実施したことにある。これを踏襲したのが金弥の長男、敬貴だ。

町村敬貴は、札幌農学校卒業直後、渡米して牧童からはじめて実践的な牧場経営を身につけ、十年後帰日する。最初は父が残してくれた石狩に牧場を開き、四十五歳ではじめて自分がめざす酪農を実現するために、江別対雁《ついしかり》に移転する。二十二歳で渡米、三十二歳で帰日、四十五歳で本格開業だ。何という息の長い人生行程だろうか。

しかも、この新天地はまさに農業不適の荒蕪地に等しく、湿地でもある。いい牧草をえるため土地改良との格闘が始まった。さらに良血の種牛の確保と乳牛の繁殖、また乳製品の加工販売だ。敬貴はこの全部を成功に導く。まさに奇蹟だろう。

高度成長期からバブル期にかけて、多くの酪農家が、豊富な金融資金による大規模化をめざし、あるいは、都市近接の牧場地を高額でデベロッパーの手に渡していった。優秀な酪農家でさえ、この高波にのまれていったのだ。しかし、町村牧場はいまも江別で営業、良質バターで有名だ。(なお敬貴は、北海道保守政界のドンだった町村金五[元警視総監]の兄で、金五の次男信孝の叔父だ。)

ただし、とここで強調したい。北海道の酪農は、世界市場自由化のもとで、米産業と同じように、輸出産業に転じる好機を迎えているのだ。米・豪式とも違う、日本＝北海道式の酪農大農法(世界とネットワークでつながった)の「再」展開だ。これこそ**すでに中標津等ではじまっている、正真正銘のニューフロンティア＝イノベーション**だろう。

▼由仁・古山の貯水池――米作の試行錯誤

北海道農業は、開拓史が主導する「米作は気候・技術的にも不可能」として、出発した。だが北海道に入った開拓者たちの歴史は、水稲栽培への挑戦の歴史である。

第一に、欧米モデルの農法は、北海道開拓期には不適で、移民(とりわけ「平民」)の間には普及しなかった。もっとも大きな原因は、畑作農産物や酪農製品のマーケットが開けていなかったからだ。移住民が切実緊急に必要としたのは換金農作物であり、もっとも手っ取り早い製品は、「米」であった。そして移民たちを支配した無意識が、「米作」を本業とし、米を食べてきた、移住地でも食べたい、という欲求である。

必要（欲望）はつねに創造の母だ。一八七三年（明治6）、**中山久蔵**（1828〜1919　大阪の河内出・島松［北広島］在）が渡島《おしま》（北海道南部）から水稲赤毛種を移入し、石狩でも水稲技術が可能なことを証明した。快挙だ。これが入り口となり、八二年（明治15）には、耐寒性の強い水稲品種の栽培が普及しはじめる。

ただし、島松や由仁は米作の発信地だったが、かならずしも米作地の中心とはならなかった。米作中心は、石狩川下流、とりわけ石狩平野で、その大半が湿原・泥炭地だった。ために水田化には大規模な「排水」と長期にわたる「客土」が必須で、そのためにはとてつもない資力・労力を要したのだ。もとより石狩川のコントロールが欠かせなかった。

南空知の南端に属する由仁は、北は夕張川、南は千歳川と接し、東西を馬追丘陵と夕張山系に挟まれ、地図上で一瞥すると、一見、「日陰」の趣を漂わせている。町役場の他にびしっとした建物もなく、寒村を思わせる。しかし、ここは積雪が少なく、気候も比較して温暖で、「平地」が広がっている。だから、この地域でももっとも早くから開け、夕張炭鉱の入り口に当たるとともに、農産物の集積をはじめとする交通の要路でもあった。稲作の立地条件がよい由仁開拓民が水稲栽培を熱望したのは当然だった。

由仁の水稲栽培計画は一八九七年（明治30）にはじまる。夕張川が、北の角田（現栗山）との境界線を流れている。これを堰き止め、用水にしようという目論見だ。ところが、南高北低の地形だ。北を流れる夕張川から水を引くのは技術的に困難だが、水田を諦めるわけにはいかない。それで、由仁村用水土功組合（土功＝土工）は、馬追山中（古山地区）に大きな貯水池を造成し、水田開発を進める計画に切り換える。一九〇五年（明治38）に完成したのが、北海道で第一号の灌漑用「古山貯水池」だ。記憶に値する。

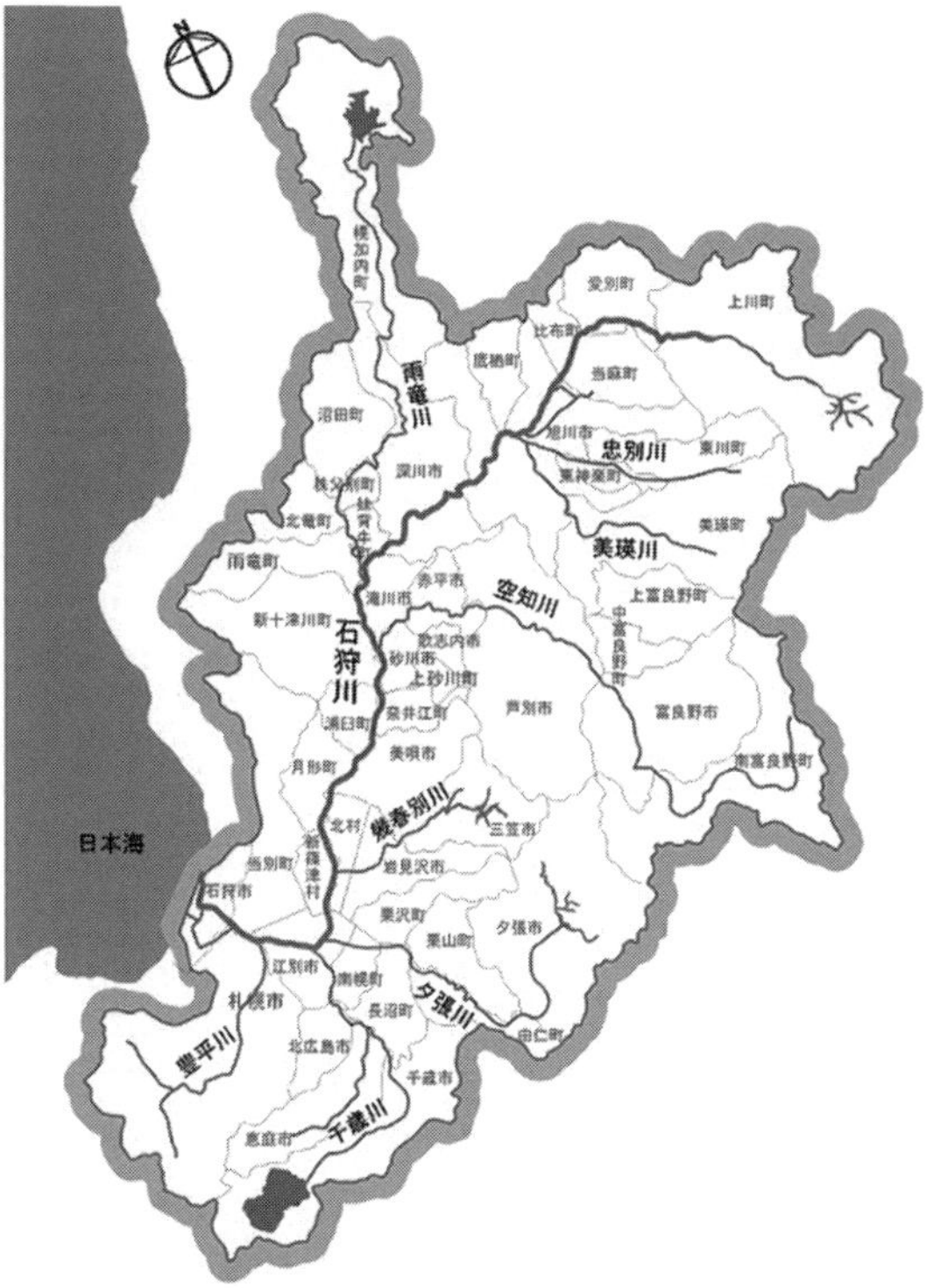

石狩川流域図
出典：国土交通省ホームページ
http://www.mlit.go.jp/river/toukei_chousa/kasen/jiten/nihon_kawa/0109_ishikari/img/0109_ishikari_00_01.jpg

▼米価は自由競争だった

近代日本では（も）、米価は他の農産物と同じように、自由競争であった。北海道も例外ではない。だが、第二次大戦中、食糧増産・自給を目的に、食糧管理法が成立（1942〜95）し、米価は戦時・戦後の食糧難時代が終わっても、食糧「自給」を表看板（裏は米作農家保護）の下に、公定価格が維持され続けた。

長いあいだ、北海道は「米作に適さない」、実際、道産米は品質よりも収穫量を第一としたため、「道産米はまずい。」という評価が定着した。だが米あまりと減反の流れが、高品質・高価格米と低品質・低価格米への二極化を生み出した。北海道でも、一九八〇年代、ようやく優良米の開発がはじまり、「きらら397」（90年登録）がデビューし、「ゆめぴりか」（2005）がブランド米（特A）の評価をえる。中山久蔵の作稲から一二〇年を閲して、さらに高品質輸出米あるいは産業・飼料用の低価格米生産も増産中だ。とはいえ、マーケットはつねに流動的で、競争力が物をいう。**米作「イノベーション」の進捗しだい**である。魚沼産こしひかりが特A落ちをする昨今なのだ。

4　スポーツ――プロスポーツのイノベーション

1　スポーツは、「娯楽」や「レクレーション」を意味する。だがリベラルアーツ（一般教養＝技芸 liberal arts）の一部で、「体育《フィジカル・カルチャー》」（physical culture）の主部でもある。余暇・娯楽の体育で、自ら楽しむアーツ、見て楽しむアーツに大別される（だろう）。ここでは、アーティスト（アスリート）とそのアーツを観戦する人々（観衆 audience）を一対で見てゆこうと思う。

2　「巨人・大鵬・卵焼き」は、一九六〇年代、高度経済成長期に、だれにも好かれる国民大衆に共通な「人気・好み」を示す標語であった。プロスポーツが二つも入っているが、選手《アスリート》に的を絞れば、長嶋・王であり、大鵬であった。ただし、関西、とりわけ大阪は、「阪神・柏戸・お好み焼き」で、大阪以外でも、多少ともインテリ・反権力ぶった人たちは、アンチ巨人を表明した。北海道は、ファイターズが札幌をフランチャイズにするまでは、「巨人・大鵬」が圧倒的だったのだ。

▼相撲「王国」

相撲は古い歴史を持つ。神話では、野見宿禰（4世紀）に端を発する「国技」といわれ、力士は独特の芸能・芸者として生きてきた。

北海道（出身の力士）は、近代相撲、とりわけ敗戦後、**北の湖・千代の富士・北勝海**が引退し、若貴（若乃花・貴乃花）が現れるまで、相撲王国だった。横綱だけでも、**千代の山**、**吉葉山**、**北の富士**、**大乃国**を含めて七人、**若ノ花**（初代　弘前生・室蘭育）、その甥である**若貴**をも「準」北海道出身力士に数え、声援を熱く送ったのだった。とりわけTV観戦が可能になった一九五〇年代以降、相撲は「国技」だけではなく、圧倒的な国民愛好スポーツになった。道産子力士は、二一世紀に活躍するモンゴル力士を優に超える勢いだったのだ。**名寄岩**＊、**北の洋**《なだ》、**北葉山**＊、**安念山**、**旭国**＊、**長谷川**、**大受**＊、**羽黒花**、**北天祐**＊、**明武谷**、**藤の川**、**金剛**等、実力・人気力士の名をあげるだけでも力が入る。（＊力士は大関）

相撲の面白さは、土俵を描けば、どこでも・いつでも・だれでも、観戦でき、我が身一つで参加できる、刺激満点の「遊び」だったからだ（ろう）。とりわけ、敗戦後、グローブはもとよりボールさえ入手ままならなかった極貧の時代、相撲は遊び《スポーツ》の華だった。とりわけ少年少女にとってはだ。学校の昼休み、あるいは放課後、ときに早朝、屋内屋外を問わず、相撲に興じた。

それに、重要なのは、相撲は力勝負ではあったが、勝負を裁く行司がおり、きちっとしたルールや禁じ手があった。「紳士」のスポーツだったのだ。各地区・部落の春・夏・秋の祭礼では、少年・青年の部に分かれて、相撲大会が開かれ、勝者には、賞品がついた。大相撲盛況の裏には、戦後復興期のスポーツ事情があったことを忘れたくない。

▼ノンプロ野球　久慈次郎

北海道は、半年、寒さと雪に閉じ込められ、屋外スポーツは不活発と思われるかもしれない。一部事実だが、必ずしも当たっていない。逆に、春、雪融けとともに始まる屋外スポーツ競技への渇望は、強烈である。

プロスポーツの華は、長いあいだ相撲と野球だった。プロ野球球団がホームグラウンドを置くのは、一九七〇年代まで東京・川崎・横浜・名古屋・大阪・神戸・広島・福岡で、国鉄（日本国有鉄道）を含め、親企業は過半が鉄道（西鉄・阪神・阪急・近鉄・中部・東急〔→東映〕）だった。八〇年代、親企業が次々に変わる。鉄道は二球団に減り、本拠地が全国に広がった。

北海道に、二〇〇四年にファイターズが札幌を本拠地とする前まで、プロ球団はなかった。わたしの知るかぎり、「野球（ファン）は巨人」一色だった。だが実際に観戦・応援できたのは、ノンプロ＝実業団＝社会人野球で、歴代、強豪チームやスター選手にこと欠かない。

最も象徴的なのは、一九〇九年創立の函館オーシャンクラブで活躍した**久慈次郎**（1896〜1939　青森生）だろう。早大から函館太平洋倶楽部に入り、捕手を務め、一九二二年の日米野

久慈次郎

球では、日本の主将を務めて沢村栄治とバッテリーを組み、大日本東京野球クラブ（巨人の前身）にスカウトされたが、拒否、ノンプロ一筋に生き、奇しくも死球禍で死んで「球聖」の一人に数えられ、いまでもプロ最強投手に「沢村賞」、ノンプロ最優秀選手に「久慈賞」が贈られている。

　また社会人野球からプロに進んで活躍した選手を二人だけあげよう。「小さな巨人」と称された**若松勉**（1947～　留萌生・北海高・電電北海道・スワローズ　首位打者2回　生涯打率・319　監督）と「突貫小僧」と評され**高沢秀昭**（1958～門別生・苫工高・王子製紙苫小牧・ロッテ　首位打者1回　コーチ）である。

▼高校野球　苫駒高

　高校野球は、春夏の甲子園大会が、全国の高校野球部だけでなく、全国高校生とその先輩・地域住民を巻き込む、日本スポーツ熱の頂点で、まさに都道府県対抗を超えた国民的行事《イベント》であり、オリンピックにも引けをとらないスポーツの祭典といっていい。北海道は、単発的に北海高校等の活躍があったものの、フロック的な勝利がほとんどで、全国レベルでは実力はもうひとつだった。

ところが二〇〇四・〇五年、駒沢苫小牧高が、全国大会を連覇、〇六年は惜しくも準優勝に終わったが、この三年、駒苫は投手・打撃・守備力の三拍子そろった強さで、冬のハンデをみじんも感じさせない、高校球史に残る強豪ぶりを発揮した。圧巻は、田中将大《まさひろ》投手で、三年間を投げ抜き、東北イーグルスに入団して二度優勝に導き、ヤンキース（大リーグ）に移籍し、四年で五十一勝を挙げる活躍だ。

▼プロチームの成功――ファイターズ・コンサドーレ・レバンガ

北海道は、二一世紀まで、プロスポーツは、野球は「巨人とその他」、その他の応援は個人の好みでまちまちという状態だった。ところが二一世紀に入って、プロスポーツの華、野球（**ファイターズ**　2004〜）・サッカー（**コンサドーレ**　1996〜）・バスケット（**レバンガ**　2011・12〜）の三部門で、札幌（北海道）は人気と集客能力等で最も成功した本拠地域の一つになった、といっていい。

ファイターズについては多言を要としない。〇四年以来、浮き沈みはあるが、リーグ優勝五回、日本シリーズ優勝三回がその実績を示している。一つだけ加えれば、くじ運が強く、人気選手をスター選手にする（売り出す）のがじつに巧みなことだ。これは重要なことで、長嶋・王（巨人）と杉浦・野村（南海フォークス）や中西・稲尾（西鉄ライオンズ）とを比較してみれば、一目瞭然だ。記録では引けをとらなくても、記憶（人気）が異なる。

ダルビッシュ有（04）、**中田翔**（07）、**斎藤佑樹**（10）、**大谷翔平**（12）、そして**清宮幸太郎**（17）を一位指名で獲得し、ダルビッシュ、大谷をメジャーに送（売）っている。また特筆すべきは、実力選手（高年俸者）が次々と移籍することも特徴で、弱体化の一因になる一方、新陳代謝がスムーズだ。

たしかに、サッカーは野球とならぶスポーツになった。広がりは全世界的で、集客能力もすごい。コンサドーレは、人気と比較して、成績はまだパッとしたところはない。スター選手もいない。だが、着実に一部リーグに定着する能力をつけてきた。なによりもプロ野球なみの集客能力を発揮している。ファンの熱気も層もアツくなった。大きく飛躍し、上位進出するための方策、才能《タレント》集積と発掘に熱を入れはじめた。

プロバスケットは、日本の「新天地」の一つだ。統一リーグが開かれて間もない。だが人気はもうひとつだ。レバンガは、当初から一部B1リーグに属しているものの、人材不足もあって、爆発的な力を発揮するまでにはいたっていない。とはいえ、前身のレイラカムイ発足から活躍してきた古参、選手兼オーナー（社長）の**折茂武彦**（1970〜）の手腕もあって、B1東部地区に連続定着し、集客能力も六年間で、一試合平均一五〇〇（〜二〇〇〇）から（二五〇〇〜）三〇〇〇人へと伸ばしている。だがこれではプロ球団からほど遠い。バスケットは、屋内スポーツの王者なのだ。アメリカでは野球をしのぐ人気を博している。

野球とサッカーが肩を並べ、そのサッカーをバスケットが追うという、**日本独特のプロスポー**

ツ構造が形成されつつある。まさに北海道はその構造変化《イノベーション》の実験地《フロンティア》であるということを押さえておきたい。

5 学術——「遅れ」を取り戻す達成

学術（学芸技術）はイノベーションの鍵だ。ところがその学術が心許なかった。理由がある。

1　北海道は、一八七二年（明治5）の学区制（八区制）から除外され、小学令、中学令の実施も大幅に遅れ、中学校が設置されたのが函館・札幌（1895＝明治28）で、敗戦まで、ついに北海道には旧制高校（高等中学校）が存在しなかったのだ。

たしかに**札幌農学校**は、仮学校（東京）をへて、一八七五年（明治9）札幌で開校した。だが開拓を推進する官僚養成機関であった。だから一八八二年に開拓史が廃止され、農商務省所管になり、高級官吏養成機関の性格をさらに強め、卒業生の多くが道外に流れた。たしかに**内村鑑三**（宗教学）や**新渡戸稲造**（農政学）のような世界に誇れる逸材も生まれたが、むしろ例外に属する。

札幌農学校は、一九〇七年（明治40）、新設の東北帝大農科大学（文部省管轄）に編入され、北海道には高校がなかったため「予科」が併設された。北海道帝国大学が設置されたのは一九一八年（大正7）で、農科大学が東北帝大から移管、翌一九年医学部が、二四年理学部が増設され、三学部制となった。

▼田中菊雄　独学の人

以上のような状況下で、北海道で学術研究の土着が遅れたのは致し方ない。もちろん例外はある。一人だけあげよう。

講談社学術文庫に『**現代読書法**』（1948）がある。著者は**田中菊雄**（小樽生　1893〜1975）で、「独学」でひとかどの学者になるまでの軌跡を描いた「実用」書だ。

田中は、極貧のなか、列車「ボーイ」（給仕）をへて小学校の代用教員（19歳）、すぐ検定試験に合格して正教員になり、これを機に英文学研究の素志を抱く。上京（25歳）、鉄道院に勤めながら正則英語学校（夜学）に通い、二二年（30歳）中学教員検定試験に受かり、呉《くれ》中学を振り出しに英語の教鞭をとる。二五年高校教員検定試験に通って富山高校へ、『新英和大辞典』（研究社）編纂にかかわり、山形高校に転じて『岩波英和辞典』を編纂、戦後は山形大学で教えた（教授）。「学術研究の命はオリジナリティだ。『辞典』編纂など「研究」ではない。」こういう通弊がいまでもまかり通っている。だがよき辞典なしによき研究はない。こう断じていい。田中の業績（works）は、だれでも・どんな境遇でも・努力（industry）が事を成し遂げる根本だ、という見本だ。

▼木原均「ムギ博士」

『中尾佐助著作集』（全6巻　2004〜06）が北大図書刊行会から出た。二重に驚いた。超高価本なことと、なぜ京都大出身の中尾が北大（出版会）で、なのか？　だ。だが、はたと気づくことがあった。

中尾『**栽培植物と農耕の起源**』（1966）は、野生種から栽培種への変化を人類の発生を解明する根本問題の一つである、とし、世界の栽培植物の系列・分布をはじめて明示した。その中尾が、京大（農学部）で薫陶を受けたのが、「ムギ博士」（コムギの祖先の発見）と謳われた**木原均**（東京生　1893〜1986）で、一九一八年北大農学部を出て（1期生）、二〇年京大（助手）に赴任する。

木原は遺伝子（染色体）研究で、麦の原種を「発見」したことで有名だが、木原の真骨頂は、フィールドワークや品種改良にこそある。木原（植物学）は、今西錦司（動物学）とともに、敗戦後最初の学術探検（アフガニスタンやイラン　1955）を敢行し、「お山の大将」の今西でさえ、一日も二日も置かざるをえない、独創かつ行動の人である。また、日本は「稲の国」であるという通説を、そんなことは一言も発することなく、完膚なきまで叩き潰した、張本人でもあった。

▼中谷宇吉郎 「ユキ博士」

中谷宇吉郎（片山津〔温泉〕生　1900～62）は、「ムギ博士」木原に対して、「ユキ博士」といっていいだろう。「不運は幸運の入り口」と考え、非常に印象深い生き方をした人だ。

一九二二年、四高（金沢）から東大（物理）に進み、寺田寅彦（実験物理）門下となり、イギリスに留学する。三〇年北大に赴任（助教授）、まもなく雪の結晶の研究にとりかかり、三六年（昭和11）人工雪製作に世界で初めて成功、凍上・着氷防止技術をはじめとする低温科学研究・開発に道をつけた。

中谷『雪』（1938）は、今なお読まれ続けている科学「随筆」というべきもので、江戸期の『北越雪譜』からはじまり、西欧の雪の研究に進み、自身の研究におよび、「雪を作る」という実験に話が進んでいく。生活と科学と応用が三位一体となった好著だ。

なお一九四一年、実験現場が、十勝中腹から実験室（低温科学研究所）に移った。研究が飛躍的に進む。戦時下だ。中谷を主任に、兵器と着氷、霧と軍事行動等の研究も行なわれた。そして敗戦後、中谷は軍事協力等で批判され、研究所を退く。だが、科学（技術）と軍事（技術）との関係は複雑だ。科学研究と軍事研究は、切っても切れない関係にある。雪の研究もそうだ。霧中で航空機をスムーズに発着する技術は、そのまま民間航空機運航に転用できる。「軍事」研究はダメで、「民政」研究はＯＫと、紋切り型では収まらない。この関係は、原爆と原発を研究・開発することと対比できる。

▼文学研究の最前線　亀井秀雄と中澤千磨夫

日本には、各時代に、第一級《クラッシック》文芸作品が目白押しに並んでいる。他国に類例がない。その研究者も超一流揃いで、古代・折口信夫（『国文学の発生』）、中世・小西甚一（『道——中世の理念』、小西はオールラウンダーで『日本文藝史』という傑作もある）、近世・中村幸彦（『近世的表現』）がいる。この三人の研究を参照せずに、日本文学の研究に手を染めてはならない、という忠告は、けっして大げさではない。

これら一級品に続くのが、近現代・**亀井秀雄**（群馬生　1937〜2016　**『「小説」論——『小説神髄』と近代』** 1997）であり、最現代・**中澤千磨夫**（小樽生　1952〜　**『精読 小津安二郎』** 2017）だ。亀井と中澤は北大（国文）で稀な子弟関係のケースだ。

北海道には、大正期、北帝大はできたが、文系はなく、予科（教養課程）だけで、文学部も文学研究も、新制大学発足からだ。敗戦後、北大に中世文学（新古今や西行）の復興を唱えた風巻景次郎（1902〜60）が赴任した。だが東大の「植民地」であった。

そんななかに、**亀井秀雄**（北大教授）が登場する。亀井は、「小説」とは何か、を正面から問い、小説の定義（世界初）＝「小説の主脳は人情にあり、世態風俗それに次ぐ」（坪内逍遙『小説神髄』）の「小説」とは、「美術」（fine art ＝芸術［純文学］）であり、すでに西洋では成立している、と見なした。だが西欧でもまだ小説は未成立だったのだ。実際、逍遙は、馬琴『南総里見八犬伝』等（「戯作」）から小説作法を学び取ったので、「日本は遅れている」という意識に引きずられ、戯作的作品を、「これは芸術ではない」とみなす。その弊害は今日に至る。以上、亀井の解析で、目の覚めるような鮮やかさだ。（ただし、亀井は、小説とは、何をどのように書いてもいいし、書きうる「器」だという、司馬遼太郎の小説観にたどり着きえたかどうか、となると話は別だ。）

亀井の弟子、**中澤千磨夫**（道武蔵女子短）は、亀井の小説解剖（批評）の是非に何ら触れることなく、このデジタル時代にふさわしい文学形式、映画（＝ビデオ）を小説と同じように（否むしろより精緻に）読解可能な「テキスト」とみなす最新潮流（といっても、三遊亭円朝の噺を講談本にしたものから、近代小説、すなわち言文一致形式が生まれたという例もある。まさにイノベーションなのだ）のなかにあって、最初の文学研究とよぶにふさわしい到達を示した。『精読小津安二郎』（２０１７）だ。映画だけでなく、小説＝文学享受にも新境地を開くイノベーションであり、同時に師亀井の素志、小説とは何か、あるいは何でないか、を受け継ぐ試みでもある。この中澤の一冊が、どこまで広がり、深まっていくのか、ただいまのところ計測不能だ。

2 事業――意識転換の方法

1　**事業とは、産業であり、ビジネス**だ。公・私か、営利・非営利かに関係ない。ビジネス・公利・営利に結びつかなければ、早晩、廃れる。（例えば、北海道の石炭資源は、なくなった＝掘り尽くしたのではない。採掘し、事業として成立困難になったが、輸入炭による火力発電は「健在」だ。）

北海道は「農業立国」を謳う。だが大規模農（水田・畑作）が可能で、それにぴったりの気候（雨量があり台風襲来が少ない）で、遠隔輸送の発達（冷凍・保存、空輸）がくわわっても、北海道の農業は、一見すれば、衰退の観を否めない。自由化の波《グローバライゼイション》をかぶって、だ。

2　じゃあ、「農業立国」を返上すべきか？　そんなことはまったくない。必要なのはリストラ＝イノベーションである。事業転換であり、**なによりも必要なのは、意識転換**だ。

3　ただし間違ってもらって困るのは、北海道は「事業」に不利だ、なによりも国家援助・補償を次々に削減されてきた、という「被害者意識」を脱することだ。「自由化」とは関税の壁を取り払うことだけを意味しない。地域特有の優遇策を取り除くことでもある。

1 開拓と開発――農村と都市

▼開拓とは、「木を切る」からはじまる

「開拓」は「開発」(exploitation〔エクスプロイテーション〕=development)の一つだ。文字通り、**進歩・発明であり、破壊・搾取**だ。記憶にも新しいが、土地開発が、一方では快適な生活をもたらしたが、他方では土地(環境)破壊を意味する。一九六〇年代以降の「高度成長」・「列島改造」・「バブル」期に特有なことではない。まさに開拓(開発)とは「環境改造」ないしは「破壊」なしには不可能であったのだ。例外はない。

その最も大きな事例をあげよう。北海道には「原始」が残っているなどと平気でいう人がいる。だが、純農村で生まれ、関西で二十数年暮らし、四十を過ぎて愛郷の近くに戻って三十五年、景観を眺めて一目瞭然なのは、北海道には、都市にも農村にも、森林はもとより、樹木が少ないということだ。わたしが親しく知り、住んだ、厚別も、野幌も、長沼も、神社の境域を除き、木がない。植える習慣がないからだ。

農耕・酪農地の「開拓」とは、例外なしに、木を切ることからはじまる。最も大きな理由は、耕地にし、収穫を上げるまでの数年間、一つは自家燃料にする、もうひとつは材木として売買の対象にする、つまりは「つなぎ」に必須な資源なのだ。ところが移住開拓民とその子孫に、木を植え森を作るという思考が稀薄だった。というか、切羽詰まった生活に追われた。なのに、つい最近まで、否、最近も、北海道には「手つかずの大地」があるという思い込みがある。

ただし、間違ってもらっては困るが、わたしは大地を「原始」のままとどめておくべきだなどという「蒙昧」を主張したいのではない。**農耕や牧畜は、最も大規模な地球開発・破壊＝利用である、**という事実をまず知ってほしい。今も昔もだ。米の自由化や「減反」政策を批判し、「水田」がなくなれば、「緑」を、「美しい日本」を失う、などという、井上ひさしなどの愚昧を指摘したいだけなのだ。

▼屯田兵と開拓農民──白石と厚別

開拓使は明治二年（1869）、札幌に「本府」をおいた。函館等ではなく「内陸」札幌に決めたのは、ロシア等外国戦艦の直撃を避けるためだ。「市街」もない「ゼロ」からの出発だ。だが、それから一五〇年、二〇〇万都市に膨れ上がる。札幌圏（小樽・石狩・江別・岩見沢・苫小牧・千歳・恵庭・北広島市等）を含めれば、優に三〇〇万人を超える大都だ。

北海道開拓には独特の屯田兵制が敷かれた。平時は農耕に従事し、有事には防衛に備える士族の開拓民で、士籍を失った人々の救済という側面とともに、防衛力の補強策でもあった。札幌に、まず琴似・山鼻兵村が隣接される。屯田兵には移住旅費・家具・農具・兵屋、移住後三年間の米・塩菜料が支給される。

「白石」もその一つで、旧仙台・白石藩士からなり、西南戦争に数十人が出征している。屯田兵の農耕は主として畑作だった。対して、白石東部・石狩支流の低湿地（厚別）には、信州（長野）や越中（富山）から移住した農民が水稲技術を持ち込み、有力な水田地帯を形成してゆく。さらに（白石から字「厚別」へと続く）丘陵畑作地は、大消費地札幌を控えた酪農の拠点（宇都宮・高倉・馬場・亀田・長浜牧場等）が生まれた。こうして白石村は、白石（屯田兵）と厚別（平民）という開拓主体が対照的な連合体として成長し、変貌を遂げてゆく。（のちに、一九〇二年、一度分離した上白石と再合併。）

白石村の人口構成は、第一回国勢調査（1920＝大正9）で、上白石＝二七九、米里＝一七四、白石＝一九四三、厚別＝二六六九人だ。主産業の農業生産力の違いで、村勢は厚別が白石を圧倒した。だが、上白石が札幌のベッドタウンに、次いで遊郭がススキノから菊水（上白石）に移って都市・商業化する。一九三五年の第四回国勢調査では、上白石＝三二七三、白石＝二一六七、厚別＝三二七五人となる。だが村の行政・教育その他は、士族が開拓した白石地区が牛耳り、それは敗戦後も、札幌市へ編入（1950）後も、基本的には変わらなかった。この趨勢は、一九七二年、白石区に転じるといっそう進み、厚別区が自立（1989）するまで変わらない。（しかも分区のさい、厚別は、大谷地・川下地区の大部分を白石に「召し上げ」られる。ま、よくあることだが。）ただし厚別は、現在、典型的なベッドタウンになり、開拓の原動力であった水稲栽培を失い、中心地は地下鉄の開通とともに「新札幌」（駅名）と命名された。**開拓とは、新事業への転化・進化**であり、**旧事業（墓地も含めた）の破壊・衰退**であること、了解されたい。

▼ベッドタウンのゆくえ

厚別は、明治十六年（1883）開拓開始以来、およそ八十年、純農村だった。だが札幌市の人口増に対処するため、一九五九年に開設された「ひばりが丘団地」（公団）が呼び水になり、最初は畑作地、次いで稲作地まで、あっというまに宅地化された。東京都旧保谷市のひばりが丘団地（59年開設）とともに、「列島改造」の先鞭をつけた実験ケース（映画「駅前団地」のモデル）といえる。そのときから六〇年、両団地も改造期《リストラ》を迎えた。厚別は改造（新・改築）を終え、西東京（旧保谷）市は大規模な都市開発計画の下に再開発を進めている。この二つのケースも、**都市再生の先鞭**となりうるだろうか？

なりうる、と一応いおう。というのも、高度経済成長・列島改造・バブル期とつづいた都市化の波は、逆流しだした。一部を除いて、日本の中小都市は、第二次産業地区を含め、衰退の道を歩んでいるからだ。最も影響を受けるのは、すでに衰退化した中小都市ではない。大都市の周辺にあるベッドタウンだ。札幌を例にとろう。

札幌市内の住宅地は、団地を含め、ほとんどに改造の手が入っている。かつて札幌を凌いだ商都小樽が、再開発に取りかかり、「港の見える丘」さながらに、札幌のベッドタウンに変貌しつつある。江別・北広島・恵庭等の再開発は、団地・戸建がともに、老朽化しているだけではない。住民が高齢化し、改造を困難にしている。

人口動態（移動）を見れば、北海道の都市で、札幌を除いて「自立」可能なのは、函館、千歳、苫小牧、旭川、帯広、釧路、網走、のわずか七都市だ（と思える）。他は、**可能な限りコンパクト化《リストラ》が焦眉の課題**だ。これは北海道にかぎらない。日本だけでもない。すでに英仏独で定着し、米ロで進行中なのだ。世界の趨勢といえる。

これを悲観材料視する必要はない。**北海道には、農業再生の基盤が生まれた**からだ。開拓期には失敗した「大農法」が、畑・稲作や酪農等で可能になる。そのためには、自由化反対・農業保護策ではなく、自由化（世界の自由市場）でも勝ち抜くことができる生産・技術力《イノベーション》を発揮することだ。**まず一歩は、農地法の撤廃**で、農業に自由競争を導入することだ。えっ、農業破壊だって。すでに大部分は、自立不能であり、政府の厚い保護施策があっても、「破壊」しているではないか。

2　鉄道と自家用車――イノベーションの進行の結果

1　鉄道は、一九五〇代まで、北海道開拓と発展《イノベーション》のバロメータだった。最盛期には、敷設困難な地域を除いて、全道を鉄道網が覆った。

2　だが過疎化が進んだ。一九六〇年の総人口に対して農村人口（＝非集中地帯：人口密度［1平方㎞］2万4000人［‼未満］＊北海道の人口密度は68人）は、504対292（万人）の割合だったが、二〇〇〇年には568対155になる。半減だ。これは北海道だけの現象ではない。全国で生じた農村から都市への大移動の結果だ。第一のイノベーションで、第二は道路網と自動車（自家用・バス・輸送車）と航空機のイノベーションだ。もちろん、北海道の鉄道にもイノベーションがあった。新技術の「導入」だ。古いものの利用もあるが大部分は破棄・革新がなければ、イノベーションは成り立たない。

3　このイノベーションに耐えられないものは、ほんの一部は記念《メモリアル》＝遺物として残ることはあっても、ほとんどは破棄される。それは自動車の場合も例外ではない。六〇～八〇年代までの自動車は「危険」（走る凶器）だったこと、いま思い起こせば、身震いする。

▼日本最初の鉄道――茅沼炭鉱鉄道

「鉄道」というが、RAILWAY あるいは RAILROAD の訳語だ。「鉄」道とはかぎらない。〈レールを敷設した線路上で動力を用いて列車を運転する施設。一六世紀イギリスの鉱山で鉄板を敷いた上に馬車を走らせたのに始まるという。蒸気機関車による鉄道は、わが国では、一八七二年（明治5）新橋・横浜間に初めて開通。法制上は道路と別に専用の用地に線路を敷いて運送する場合を指す。〉（広辞苑）

この定義にしたがえば、日本最初の「鉄道」は、新橋・横浜間のではない。「茅沼《かやぬま》炭鉱軌道」で、着手したのは幕府だったが、一八六九年（明治2）に開通する。

茅沼炭鉱は、北海道は積丹半島の付け根にあった。開国で石炭需要が生じ、英国の技術を導入し、函館奉行（幕府）が開発した。石炭運搬用のトロッコ（積載4t）を走らすレール（木に鉄板を張ったストラップレール）で、海岸まで二・二キロを下り、戻りの空車は牛（馬）が引いた。一八八一年、小型蒸気機関が導入されて鉄路となり、ようやく一九三一年に廃線になる。これこそ、距離は短いが、**近代日本輸送のイノベーションのサンプル**といっていい。

▼殖民軌道・六二五キロ

北海道の道東・道北を中心に、鉄道の幹線・支線に沿って、「髭《ひげ》」のように伸びていた「線」

（点線）を、地図上で見たことがないだろうか？　開拓農民の生産と生活維持のために敷かれた「殖民軌道」跡で、実質は軌道（鉄道）だが、法的には「道路」という変わり種だ。

殖民軌道は、第一期開拓（拓殖）計画の末期、一九二四年に始まった。鉄道沿線への入殖が一段落したのち、入植は内陸奥地へと進んだが、火山灰や泥炭地が多く、雨や雪でぬかるみ、凍結期以外は通行が困難だった。そこで鉄道敷設は道庁（官）が、馬車（馬）は農民（組合）がまかなうという形で、「鉄道法」の埒外の「道路」として登録された。自主的といえば聞こえはいいが、乱暴な管理・運転もみられた。

この殖民軌道は、第二期北海道開拓計画が終わった一九四六年までに、34線約625キロが敷設された。補助輸送鉄道として、尋常な長さではない。開拓にとって不可欠な「足」（物流）だったのだ。徐々に動力は馬（力）車からガソリン、内燃動力《ディーゼル》（油）に、戦後、名は殖民軌道から簡易軌道に変わる。また貨物車や牛乳輸送車のほかに、「自走客車」へと進んで、広く周囲住民の「足」としても活躍した。

だが、他の鉄道や軌道と同じように、車社会の到来とともに廃れ、一九七二年、浜中町営軌道の廃止を最後に姿を消した。

なお馬車鉄道は歴史が古い。一八世紀にはヨーロッパの炭坑で見られるようになったが、茅沼炭鉱軌道もその一端だ。日本では、都市交通機関として、一八八二年、新橋・日本橋間で開業（東京鉄道馬車会社）し、一九〇二年には、車両三〇〇、馬二〇〇〇頭を有するまでになった。

これが各市に、また都市間交通へと広がったが、一八九〇年からはじまる軌道条例によって規制され、ついに一九四九年に姿を消した。ただし殖民軌道は、「道路」だったから、この規制の埒外にあった。

▼馬車と馬橇《そり》

北海道の開拓期、もっとも活躍したのは、馬車であり、馬橇だった。十二月から三月まで、北海道は雪道だ。雪の少ない道東や道北は、馬車鉄も可能だったが、道央や道南は、市街地を除いて、馬橇だ。鉄道保線区（車両の安全運行のため、線路および建造物を維持・修繕を担当する部署）の最重要な仕事が、除雪である。機械化した現在でも、大雪のときは全面ストップする。そんなとき、活躍したのが馬橇だ。多くの農家は馬のほかに橇を常備していた。それが冬の輸送（人や荷物だけでなく、伐採木や客土用火山灰等）を担った。

この馬橇が生活の視界から消え、自動車に変わる。バス、トラック、バイク、自家用車だ。ただし八〇年代まで、冬道の自動車は危険きわまりなかった。ブレーキとハンドル操作を誤らなくても、坂道や急カーブでつるつるの路面を車は制御力を失い、否も応もなく滑走し、追突し、路面から飛び出した。七〇年代スパイクタイヤが登場したが、そのスパイク（金具）が道を削り粉塵をまき散らす元凶となった。この「雪害」対策には、一に道路整備、二に除雪、三に車の改良（四駆とスタッドレスタイヤがキイポイント）、四に中央分離帯の設置で、見事な成果《イノベーション》を見せた。

「人命救助」でもある。膨大な技術と費用が投入され、今に続いている。結果、事故死者数が最多八八九人（1976年）から最少一六四人（2014年）まで、五分の一に減少する。（もっとも雪期の死亡者数は総じて多くはない。）

北海道の開拓を彩った馬車鉄、馬橇はともに歴史遺産となった。現在、「北海道開拓記念館」（札幌の東端）の「開拓の村」にゆくと、馬車鉄に乗り、馬橇を見ることができる。

▼ロビンソンの末裔――戦後開拓

北海道から「開拓」事業が姿を消した。だが**第二の開拓期**があったことを忘れてはならない。敗戦後、外地からの大量帰国者を抱えた、大量失業と大食糧難の時代にだ。開高健『ロビンソンの末裔』（1960）よろしく、「棄民」さながらに北海道に入植し、開墾に従事した。（わたしは、その痕跡地［長沼町字加賀団体］に三十年余住んだ。超過疎地のあいだは快適だったが、次第に人が集まってきて、普通の過疎地になった。）

一九六〇～八〇年代、徳川幕府創設期や明治維新期と肩を並べうるような、人口大移動があった。各地の鉄道路線が次々に姿を消しはじめた。**「廃線」というが、同時に、輸送イノベーションの結果**なのだ。

以下は極論に聞こえるかもしれない。だが「普通」のことなのだ。

現在運行している鉄道で、**最新のイノベーションに耐えうるのは**、わずかに、①函館～小樽～

札幌〜旭川（〜名寄）、②札幌〜千歳〜帯広〜釧路、③旭川〜網走、④函館〜室蘭〜札幌間の路線で、新幹線が札幌まで延長されれば、①と②を除いて、廃線（あるいは第三セクター化）は免れえない。

無責任なことをいうな。これでは「公共」交通機関の大動脈を失うことになる、と反論されるだろう。だが鉄道も含め、交通運輸の大イノベーションの時代に入ってすでに久しいのだ。第一に、道路・運送網が充実した。そして第二に航空路がある（17年度は道外から2000万人以上を運んだ。）飛行場は稚内、紋別、中標津、釧路、帯広、旭川、函館にあり、点と線で全道を結んでいる。**気車、自動車、航空機等、各種のイノベーションによって、北海道の公的輸送は確保されている。これが現実だ。**

特に道路網（「公共」物）の整備・拡張に伴い、自動車（自家用車、路線・コミュニティ・遠距離バス等）の進化はめざましい。ゆっくり汽車に揺られて車窓の景観を堪能する喜びは、他に代えがたい。（これにはわたしも大いに同感する。）だが、「公共」事業であっても、民営なのだ。民間経営を根元から崩壊に招く危険を背負い込ます愚は、避けるべきこと、いうまでもない。鉄道全体の寿命を縮めることにもなる。

3　商業(commerce)――サービス業の中核になくてはならないもの

1　「商業《コマース》」とはとても広い概念だ。ここではサービス業のうち「小売《リテイリング》」業と、「金融《バンキング》」業それも市中銀行と信用金庫に限定する。

2　通常、産業は、第一次（農水）・第二次（鉱工）・第三次（サービス）に分類されてきたが、一九七〇年を境に**第四次（情報）**が加わった。情報社会・消費中心社会へ転位したのだ。作れば売れた（品不足の）時代から、消費者が選ぶ（品余り）時代へと産業構造が変化した結果だ。これも**産業構造の大転換《イノベーション》**である。

3　最も象徴的な変化は人口動態・推移に現れている。第一次産業の就業人口が、一九二〇年（第一回国勢調査）＝五四％、一九六〇年代に入り三〇％を切り、二〇〇〇年には、五％になる。第二次産業は、おおよそ二一、三四、二五％と推移している。第一次産業の低減をサービス業が補っているといっていい。

▼農業革命――高度経済成長期

日本の農村は、一九五〇年までは、戦時と敗戦直後、多少の人口移動があったが、古くは江戸期、北海道では大正期と陸続きであった。たとえば、白石村字厚別（人口＝2～3000人台、神社のある中心から5～10キロ範囲の広さ）には、日常生活に必要な米塩石炭・たばこ・鮮魚野菜・豆腐・小学校（分校2）・郵便局と農協（金融サービスを兼ねる）・蹄鉄屋・床屋・本屋・旅館・電気屋は各一つ、遊興施設はゼロ、酒を売る雑貨屋《なんでも》が（国鉄）駅前に数軒あり、常時、もっきり酒を飲ませていた。これがサービス業のすべてではなかったろうか。

六〇年代、団地ができ、地元住民が小型のスーパーマーケットを開業した。いまも健闘している。壮挙と思える。七〇年代に入り、地下鉄が通り、スーパーや百貨店、銀行、公共施設、そしてホテルが生まれ、あっというまに人口が一〇万を超える近代（？）都市に変貌した。

この間わずか十年余で、大正期からあった「村落」に根を下ろしていた営業のほとんどが床屋を残して廃業した。代わって、コンビニが生活必需品のほとんどを提供し、車で十分以内にスーパーとファミレスが数軒ある。

▼スーパーとコンビニ――セイコーマート

「スーパーマーケット」は、アメリカ発で、卸をかねた日常必需品の総合＝大型小売チェーンストアーだ。その先陣を切り続けたのが「ダイエー」で、「主婦」をターゲットに「価格破壊」を掲げて全国展開し、すでに一九七二年、総売上で百貨店の王・三越を抜いた。店舗も、交通至便な都会から、モータライゼーションの進化とともに、郊外に大型店舗を展開した。また「安い」日常雑貨から高級志向品（百貨店化）へと手を広げ、その勢いはとどまるところと知らぬように見えた。

しかし、一九七〇年代、「大量生産・大量消費」＝「安かろう悪かろう」の時代はすでに終わりを告げていた。しかも小型スーパーマーケットとでもいうべき、日本初のコンビニ（エンスストアー）が登場する。都市サラリーマンに特化した、いつでも（終日）店を開いている、近隣住民にとっても至便な総合小売店だ。あっというまに地場の小売店が淘汰され、コンビニ（チェーン）店が、都市から農村へと拡大し、スーパーを飲み込んでいった。いまではギリシアやポルトガルの田舎町にまで、（不揃いとはいえ）コンビニがある。食・飲・衣・薬等の日常生活に欠かせない品物は、ほぼそろう。（わたしがいま住む地区には、半径歩いて十分以内に、コンビニが四軒ある。暴風雨・雪のときでも、食には困らない。）

モータライゼーションが拡大・進化した今日、コンビニは、路上の「灯台」のように思える。「灯」であり「命綱」だ。

北海道は広い。セイコーマート1号店（札幌北区）は、一九七一年開業で、セブンイレブン（1974）より早い。北海道で最も店舗数が多く、全国で一〇〇〇店舗を超える。また特筆すべきは、**全国コンビニの顧客満足度でトップを走っている**ことだ。ま、しゃれたグルメの弁当はローソンだが、中身（万人向き）ではセイコーマートが圧している。

セイコーマートの店舗は、実際、垢抜けしていない。店員も年配の女性が多い。だが、暖色で、実質的だ。これ、サービス業の中核になくてはならないものだろう。**北海道カラーにしたい**ものだが、他業種には波及していない。

▼百貨店——丸井と三越

小売業の王は百貨店であった。いまでもブランドものやご贈答品は、三越にかぎるといわれるほどで、三越は日本の百貨店に君臨してきた。北海道では、丸井（今井）が百貨店の勇で、もとは三越と同じように呉服屋だ。高級品は三越、中級品は丸井と棲み分けてきた。丸井は支店（小樽・室蘭・函館・旭川）を増やし、経営規模を拡大した。だがバブル期に他業種に手を出して損失を招き倒産、伊勢丹・三越に身売りする。だが根因は、小売業のイノベーションに対応できず、スーパーやコンビニに客を奪われた結果だ。

ただし百貨店の存在価値がなくなったわけではない。デパ地下はいま最も盛況な売り場だ。特に鮮魚・肉・野菜は、値が張るものの、デパ地下で簡単・確実に入手できる。

二一世紀、スーパー、コンビニが独走しているわけではない。技術・構造改革《イノベーション》には、かぎりがないからだ。たとえば、商業施設のかけらもなかった地に、一大商業施設＝「アウトレットモール〔パーク〕」が出現する。各種メーカーの直販店舗を一堂に集め（モール＝並木道化し）たものので、多数のブランド業種を揃えた利便性で購入者の選択幅をモール全体として提供する。ま、集客は、自家用車（自走）のほかに、都心・交通至便地から直行バスでの無料送迎で対応、丸一日、ファミリーそろってショッピングや食事を楽しむ大型「娯楽」施設で、北海道では、すでに札幌近郊に三施設できた。

▼拓銀、北洋銀、北海道信金

北海道に、あってても不思議ではないが、なくてもいいものがあった。拓銀（北海道拓殖銀行）だ。三菱・三井・住友・富士等とならぶ、都市銀行（全11行＝特権的銀行）の一つだ。

拓銀は、開拓使の「遺産」とでもいうべきものだ。一九〇〇年、「北海道ノ拓殖事業ニ資本ヲ供給スル」を目的に設立された特殊銀行で、道庁・ホクレン（北海道農業協同組合連合）とならぶ、殿様《ロード》事業体であった。当初、拓銀のお客は農家で、（開拓等の）資金貸し付けの「担保」は農地であった。開拓途次、あるいは完了後でも、貸付金を返却できない多くの農家が「小作」に転じた。（この役割を、戦後、農協がおこなう。）

拓銀は、戦後、大蔵省「管轄」の都市銀行に編入され、特権的な地位を保った。だがバブル期の放漫経営が祟り、（また大蔵省「人事」等を拒否したこともあって、）資金融資がかなわず、倒産し、第二地方銀行の北洋に「身売り」するという、異例の事態を招く。銀行（拓銀）は潰れないという「神話」が、このとき日本から消えた瞬間だ。

しかし拓銀の倒産は、拓銀（大銀行）の専横から、併立する道銀（北海道銀行）と北洋との「競合」という、利用者へのサービスという点では、良好な事態を生んだ。北海道だけではなく、全国に金融再編成が展開され、結果、都市銀行は五行に統廃合された。また地域に根ざした信用金庫（非営利の組合組織の金融機関）や郵政民営化にともなう郵便局の金融サービス拡大への呼び水となる。結果、日本は情報社会にふさわしい金融サービス（カード等での決済）を、全国各地で、だれでも・どこでも・いつでも受けることが可能になったといえる。

4　エネルギーと遊興街――セーフティネットの永続更新

エネルギーと遊興街、一見、この二つは相容れない言葉に思えるだろう。まず（屁）理屈をいおう。

1　二〇一七年は「ロシア革命一〇〇年」だった。共産社会実験の「悪夢」だ。その革命指導者レーニンは、「共産主義とはソビエト権力プラス全土の電化である。」と述べた。ソビエト権力（＝労農独裁）は（問題あるが）措くとして、「電化」とはなんたることか、というなかれ。全産業の動力を電化することで、産業革命（＝機械化）を意味するのだ。もちろん、ポスト産業社会＝情報社会でも電化事情は変わらない。否、ますます重要不可欠になる。

2　ポスト（後期＝超）産業社会とは情報社会＝消費中心社会のことだ。産業だけではない。生産と消費のすべてが電力をエネルギー源とする社会だといっていい。水・化石燃料（石炭・石油・天然ガス）・太陽光・核燃料等々がそのエネルギー源だ。

3　では遊興＝歓楽街（amusement area）は電化とどう結びつくか。「不夜城」（眠らない街 city that never sleeps）である。遊興街にかぎらない。「眠らない」とはまさに情報社会の一大特徴ではないか。**情報には昼も夜もない。一瞬で世界を駆け抜ける。**

▼街は眠らない。

歓楽街にかぎらない。田舎も僻村も眠らない。人は交代で眠ることがあっても、電化製品(のほとんど)は眠らない。そもそも情報(伝達)は、時々刻々変わり、眠ることができないのだ。

とはいえ、ここでは話を遊興街にかぎる。

「中の島ブルース」という歌謡曲がある。北から札幌(すすきの)、大阪(北新地)、長崎(思案橋)の「夜の街」を唱っている。仙台(国分町)、東京(銀座・新橋・渋谷・新宿・池袋……)、名古屋(栄)、京都(木屋町)、金沢(片町)、大阪(道頓堀)、広島(流川)、福岡(中州)等々、大都会だけでなく、ちょっとした町には、飲み屋街が必ずといっていいほどある。

「遊興」など、人間の生活にとってムダ・浪費なだけではなく、有害でさえある。こういう人がいる。そうだろうか?

①なぜ人は「服」を着るのか? 防寒や羞恥のためだ。それもある。だが、なぜ「服」で着飾るのか? 「装う」=着飾るためだ。そう、人間はムダを喜び、見栄を張る。虚飾を「あえて」する存在なのだ。

わが厚別には、物心つくまで、飲み屋がなかった。近隣ののんべいは、雑貨屋の片隅にたむろし、もっきり酒を飲んで、気勢をあげた。一九六〇年代に、居酒屋・スナック(のようなもの)

が数件できたが、二一世紀にはそろって姿を消した。小規模ながら歓楽街ができた。でものんべいの半数以上は、勤務後、札幌の歓楽街に引っかかる。男女ともにだ。

札幌は「すすきの」だ。バブル期は、日本全国どこの歓楽街より、華やかで、高かった。何せ「バブル」だ。使う金は、接待費であり、官金私消だった。自分の懐は痛まない。市町村住民には、土地売買で金がガンガン入った。

だがバブルは遅かれ早かれ潰れる。市町村は赤字に転じ、会社は拓銀をはじめ、大も小も、特に株と不動産売買に手を出したところは、あっというまに姿を消した。銀座だって例外ではなかったが、すすきのは、ここをしきっていた北海振興（すすきのの「大家」で東京以北最大キャバレー「エンペラー」を開いていた）は姿を消した。全国各地の夜の街は、一時、火が消えたようになった。いち早く銀座がリストラしたが、すすきのだけはイノベーションできず、「むかしの名前で出ています」の体になった。

だが逆に、ターミナル各所周辺に、新しい（くて古い）業態の店が生まれ、だれでもいつでもリーズナブルな価格で楽しむことができる落ち着いた店が現れはじめた。自分の懐加減で、男も女も飲む、食う、これも**「消費」時代のイノベーション**だ。

▼電力——北電

北海道の第二次産業の基部は、二〇世紀（明治33年）なってようやく、化学産業（東洋高圧＝

肥料）や鉄鋼（日本製鋼＝軍需）、採炭（北炭）が「自立」してゆく。その背後にあったのは、動力＝電力革命で、それを主導したのが「国家」だった。国策は、敗戦後も変わらず、「鉄が国家だ」といわれたが、戦時統制（民有・国営＝国家社会主義）でも、民間企業化でも、「電力が国家である」ことを如実に示した。

　敗戦後、電力は各地（北海道・東北・東京・中部・北陸・関西・中国・四国・九州）一社に統合され、「自由化」の流れのなかでも、「北電」は北海道の産業と生活を牛耳る《コントロール》する「新殿様」（拓銀・道庁・ホク連とともに、北電・道新）になった。電力は、社会主義ソ連だけでなく、日本でも、そしていまでも「国家」の基部なのだ。

　北海道の電力源は、①ダム（水力）と②石炭（火力）が主力だったが、エネルギー革命《イノベーション》の結果、水・石炭・③石油・④天然ガス・⑤原子力・⑥新エネルギーへと多様化している。その全発電能力は七五八万kw（2013年）で、①水力一二三万（16・2%）、火力四二一万（55・5＝②60［7・9］・③④154［20・3］・⑤207［27・3］）そして⑥新エネルギー2・6［0・3］（地熱2・5）だが、⑤原発（泊）は二〇一八年現在も再稼働していない。

▼情報＝電力社会

　忘れてならないのは、日本でも、先進国でも、**エネルギー消費量全体のおよそ四割近くが電力生産のために用いられている**、という事実だ。それに高度情報＝消費社会（生産の七〇%以上が個人消費を目的とする）といわれる。たしかに省エネの時代だ。最新のＴＶや冷蔵庫の電力消費は、二十年前と比べ、五分の一以下になった。じゃあ、電力消費量は減るか？　そんなことはない。企業活動も、個人生活も、社会のほとんどの分野は、すべて「電気」とつながれている。電気に支配《コントロール》され、ハイテクであれローテクであれ、電気なしには動かない。

情報社会は、安定的で良質な電気エネルギーの供給を要求する。「夜の町」は電気がストップすると、お休みになる。情報社会は、電力供給が一瞬止まっても、一瞬で「情報」が失《ロス》われ、企業活動はストップし、公私にかかわらず、社会活動が麻痺し、大変な損害を招く。

「セーフティネット」とは各所で便利に使われる言葉だが、まさに情報＝ネット社会の危機管理策のことで、わずか一カ所の部分的な編み目のほころび（ブレイク）が、全ネットの死命を制する危険をはらんでいるのだ。じゃあ、そんなやっかいなネット社会を捨てればいいのか？　そんなことはできない。人間社会は、**新しいセーフティネット**を生み出し続ける以外に、この危機を乗り越えることはできないのだ。

北電やＮＴＴは危機管理努力をなおざりにしているのか？　けっしてそんなことはない。わたしの経験からもいえる。

旧戦後開拓地区（長沼町字加賀団体）に居を構えたのは、一九八五年で、地目は山林であったが、木は一本も生えていなかった、昆虫・小動物・雑草・山菜の「宝庫」で、人間だけがいない、札幌から四〇キロ離れた、純然たる過疎（人が住んでいない）地だった。敷地は、一八七〇年代の列島改造期の砂利収集・洗浄跡地で、掘っても掘っても石ころばかりだった。隣村までの旧道は塞がり、水はボーリングをして確保しなければならない。

そんなところにバラックを建設中だった。坂下から、ＮＴＴの工事隊が、トレーラーに電柱《コンクリート》を積み込み、等間隔で打ち込みつつ、進んでくるではないか。そのごすぐ、長沼町は、ネット社会の先駆けとして、国の支援を受けて、地域高速ネット網を敷いた。わたしは、全国（世界）と一瞬でつながる通信網をえて、この過疎地で、書く仕事を三十二年間続けることができた。この間、電力ブレークのため、情報を失ったことは、操作ミスをのぞけば皆無だった。感謝している。**情報革命《イノベーション》**のおかげで、それをまがりなりにも「利用」できたことによる。電力の力だ。

5 漁業――ニシンとホタテ

日本は、戦前、日本海・太平洋・オホーツク海・東シナ海という広大かつ世界屈指の漁場を足場に、無尽蔵ともいえる水産資源を享受（enjoy）してきた。しかも建国以来、海国＝漁国日本だったのだ。

1 日本国に編入される前の蝦夷も、以降の北海道も、この海の富を獲得する前線基地（江差・根室等）として、沿岸地域（漁村）から開かれていった。ただし、漁業権は、江戸期以降、実質的に松前藩に、藩の請負商人に独占されていた。それが変わったのは、幕府が蝦夷を直轄支配しだした一九世紀以降だ。東北諸藩に対露防衛体制を整わせるとともに、箱館を本拠に、漁業を請け負わせた（高田屋＝蝦夷地産物売捌方）。

2 二〇世紀初頭（1901）に入り、漁業法が制定され、大枠、現在に続く漁区（定置漁業権・漁業許可制）が決まる。同時に漁場は、沿岸のニシンから、沖合・遠洋（サケ・カニ・マグロ）へとのびていく。漁業は日本産業の不可分の要素となり、大型漁港（兼軍港）が建設されていく。ちなみにこの年、北海道の産業生産額は、水産物＝七一七万円（ニシン＝491）で、農産物＝二〇〇万円をはるかに上回っていた。驚くべき数字だ。また前年の漁獲金額は、北海道が全国の二七％、水産物製造額が四一％であった。まさに海産王国にふさわしい。日本水産業は、海産物（漁獲・加工・輸送）を一括処理する、最も早く産業（大型・機械）化した部門であった。ニチロ（サケ・カニ）は、現在もベスト3の大企業だ。

3　敗戦で、千島やカラフト「漁場」を失い、国際海洋法等で、沿岸二〇〇海里に制限（排他的経済水域）され、日本は大きな漁場圏を失った。それでも、日本は（近隣の韓国や中国と比べて）なお広大な漁場を保有し、世界屈指の漁業国であることに変わりはない。

▼今年のニシンは美味い

今年（2018）の北海道産のニシンは、魚体も大きく、白子・卵ともに成熟し、価格も安く、そのうえ新鮮で、道民大衆の食卓にも登場した。わたしも、週一くらいのテンポで、食する機会に恵まれ、大いに満足した。

わたしの朝食は、ここ三十年余、米（80g）、味噌汁、納豆、シャケ、新香、青菜と決まっている。シャケはそのほとんどがロシア産の薄塩引きだ。美味いときもあれば、そうでないときもある。「魚が獲れない。高価だ。」といわれるが、高いときは食卓にのぼらない。でも魚以外に代えることは簡単だ。十年くらい前から、「道産」のニシンが出回りはじめたが、はじめのころは魚体がイワシと変わらず、しかも美味くない。はっきりいって、まずい。じゃあイワシに代えるか。そのイワシ、そしてサンマ等沿岸魚が不漁で高いのだ。それで、ロシア産のシャケやノルウェー産のサバは別にして、あるもののうちで、安く美味いものを食べる。国産である必要はない。特に魚でなくていい。「魚離れ」というが、「まずくて高いもの」は、いただけない。「安かろう・悪かろう」はもっといただくわけにはいかない。美味くて安くていつでも手に入る肉（鶏・牛・豚等々）でどうしていけないわけがあろうか。つまりは、**日本人の食生活がバラエティに富む**ようになったのだ。食生活の一大イノベーションである。

▼ニシンは飼料であった

ニシンは、冷凍保存技術が確立するまで、江戸期から、主として魚糟（肥料）用であった。遙か彼方、冬の日本海の荒波を超えて、竜骨《キール》のない大型和船＝北前船で、関西まで運ばれた。（高田屋の成功は、航海技術が抜群であったことにもあった。）「冷凍・保存」技術が進化するにしたがって、主要な冬の食料に、乾燥した身欠きニシンや数の子として、庶民の食卓に上るようになり、輸出品になった。

だが沿岸漁業だ。沿岸に、産卵のため群来《クキ》をなして押し寄せる成魚を、根こそぎ「総取り」する。勇壮かつ豪華だが、乱獲なのだ。次世代を残すための漁獲枠制限もない。さしものニシン資源も必然的に枯渇する。

北海道産業の華、ニシンの漁獲量（一時的な不漁を除けば）が一〇〇万トン台を切ったのは一八八〇年代、五〇万トン台は一九二〇年代、三〇万台は一九四〇年代、そして五万台は一九七〇年代だ。その後は特例を除いて、ゼロに近い。原因はただ一つ、漁獲枠を設定しない、資源保存に意を注がない、根こそぎとる「乱獲」だ。資源が枯渇するのは、廃鉱（ゴーストタウン）に限らない。日本沿岸には「廃漁村」が連なる結果となる。

むしろ驚くべきは、二〇〇年以上、ただただ乱獲を続けて、なおニシンが群来《くき》るという、北の漁場の豊かさだろう。

現在、大規模・組織的なニシン漁がなくなって四十年余になる。（だからなのか）立派な成魚が産卵地を求めて、ちらほらやってくるようになった。これに北海道の漁業者はどう対処するか。平凡だが、ニシンもまた、他の水産資源（イカ・カニ・イワシ等）と同じように、「育てる」漁業方式への転換が必須だということだ。

▼育てる漁業——ホタテの猿払村

ただし、北海道の水産業の失敗と暗澹たる将来を指摘したいがために、ニシン業の失敗例を取り上げるのではない。逆だ。北海道は水産業でもまた、他府県に先んじて、**「栽培漁業」を拡大充実**してきた。結果は正直だ。二〇一六年、北海道で栽培漁業が全生産量の五三・七％、生産額で六一・八％を占めるまでになった。「ニシン漁の轍は踏まない。」という長年の努力の結果だ。

その代表格がホタテ漁だ。生産量三六・七万トン（全生産量の34％）、生産額九七六億円（全生産額の31％）とダントツだ。コンブやシャケ漁ではすでに大きな成果をあげ、ウニやナマコ等高級食材も、生産拡大を見せている。

猿払村（人口2684＝2014年）はオホーツク沿岸の日本最北の僻村で、水揚げ量日本一を誇るホタテの町だ。ホタテ漁は明治期に始まり、ニシンと同じように乱獲がたたって、衰退の危機を招いた。転機は一九七一年で、ホタテ稚貝の大量放流を成功させ、「管理型」漁業を続けてきた。（この成功に学んだのが、青森で、とりわけ平内町は「養殖」ホタテ水揚げ量日本一を誇る「ホタテ王国」にのし上がっている。）

猿払は、かつてニシンとホタテで栄えた。しかし、獲るだけでは、遅かれ早かれ、資源の枯渇は免れえない。猿払はどうしたか。収入を増やす、それも持続可能な方式の採用だ。「過疎地域振興特別措置法」（1970）に基づいて、村をあげて取り組んだのがホタテ養殖（海の農業）と酪農だった。猿払は立地条件がもともと良好（遠浅でオホーツクの速い潮流が良質大量のプランクトンを運んでくる）だ。

稚貝を育て（1年）、放流＝地捲《ばらま》き方式（5年で成貝）を選ぶ。このためには、養殖・漁獲・出荷・加工、そして利益配分等すべてにわたって、組合による共同管理が不可欠だ。会社経営と似ている。一九七〇年、組合員は生活費七万円（月給制）と強制積み立てを決定。このとき、「漁師のサラリーマン化」だと、他漁村から手ひどい批判を受けた。結果はどうか。各漁民の収入増につながらなければ、意味はない。

漁師一人あたりの平均年収が増えた。四〇〇〇万円（全道漁師平均所得の約10倍）なのだ。漁師の年齢構成は、二十～四十台が七〇％を占める。成長産業と同型だ。これを例外的な成功と見なしていいわけはない。漁業も、農業と同じように、産業だ。大小にかかわらない。競争原理にしたがえば、消長はある。だが育てる漁業の行く手は、農と同じように、「自助」努力《インダストリ》次第なのだ。

対して他漁村の多くは、「振興」事業として「土木」等を選ぶ。たしかに立派な漁港（岩内・奥尻等）ができ、工事に就いた漁民の懐は一時的に膨んだ。だがこれでは、漁業の大本である漁獲量増にはつながらない。漁業で自立する道をむしろ塞ぐ結果につながる。

▼「魚離れ」？

魚離れがいわれて久しい。二〇一七年、「今日は魚！」というキャンペーンが張られた。だが、店頭では、「不漁」で「高価」が通り相場になる。日本の食用魚介類の自給率はほぼ六割で推移している。低くないのだ。

たしかに足が速い青もの、サバ、ニシン、イワシ、アジ等の鮮魚は、国内産の味がいい。だが鮮魚店が減った。それに良形のサバやニシンは、手ごろな《リーゾナブル》価格というと、ノルウェー・アラスカ産（冷凍もの）が多い。マグロは近海物、それも「大間」にかぎるといわれる。（わたしには）冷凍南洋マグロの脂ののりが好ましい。神戸牛・松阪牛より、米国産の良質肉のほうが好きだ。

何でもかんでも、国産品がいいというのは、かつて海外のブランドものならなんでもいい（「高かろうよかろう」）という「伝説」がまかり通った裏返しだ。

3 地誌——北海道は二一世紀のパラダイス

1　地誌《トポグラフィ》とは「場所」の「記録」のことだ。日本最古の文献の一つに『日本書紀』と『風土記』がある。日本の自画像だ。北海道の地誌とは、どんなところか、あるいは、どんなところでないか、その「特質」を記すことだ。主要な内容は「歴史」だが、もちろんここでは「イノベーション」にかぎって記したい。

2　「自然」というが、人間の手の入らない自然は、日本にはない。地球の表面上にも、ない、といいきることができる。また、人間の身体だけでなく精神（意識）も、「自然」なのだ。「都市」や「集落」は、人工（art）だが、人知を超えた「力」をもつ、振るう。つまりは生きている（nature）のだ。もちろん死（消滅）もある。

3　生命力ある自然の記述、それが地誌の魅力である。
日本最古の地誌、「常陸風土記」の冒頭にある。古老によれば、「土地が広く、海山の産物も多く、人々は豊に暮らし、まるで常世の国［極楽］のようだ」と。つまり常陸＝常世（パラダイス）といっているのだ。

このコピイ文、「北海道はでっかいどー！」よりはるかに、北海道にふさわしいと思えないだろうか。「北海道は二一世紀のパラダイス」、これでいきたい。

1　世界一の雪の街——札幌

1　札幌は、新しい街だ。たかだか一五〇年である。新参者だ。ゆっくりと成長してきて、一見、一度も「破綻」や「衰退」に出会ったことなどなかった優良児だ。

なによりもまず戦災に会わなかった。戦後の混乱、倒産・失業・闇市・ヤクザ・河川敷の「サムライ部落」等による混乱がなかったわけではない。人災や天災もあった。だがそのほとんどが、傷のかさぶたが自然に剝がれるように、まもなく無理なく治癒・変化して（変わるべくして変わって）きたように見えるのだ。その結果としての二〇〇万都市札幌だ。じつにバランスのいい成長過程と思える。

2　札幌は政都として出発した。いまは商都、それもサラリーマンの街だ。そこそこの金持ちはいるが、底抜けの資産家はいない。ごく初期を除いて、どの部門にも、殿様（個人＝帝王）はいなかったということだ。総じて人間関係は、目くそ鼻くそを笑うの体で、なだらかである。

3　札幌は、政＝商都である。同時に周辺都市との連結を密にして、日本人ばかりでなく、世界から観光客はもとより、**多くの人材を招き寄せることが可能**だ。

例えば、大学・学術だ。周辺をあわせると、北・小樽商・室蘭工・教育大がある。酪農大・千歳技術大そして北海学園・北星・札幌・札幌商・道科学大等々がある。独自を基本に共存・結合を図る。まさにユニバーシティ（万般＝大・学）になりうる。簡単なところから始める。**まず人事交流**だ。本務校（籍）は残したままでいい。広域三〇〇万人（モンゴルと同じ）自治体が土台だ。世界から学者・学生を呼ぼう。

▼雪の街＝快適な街——札幌

ロンドンにもパリにも、ローマにもマドリード、ニューヨークにもロス、そして東京や京都にも、四季がある。色濃くある。灼熱乾燥の夏があるローマは、冬、少し湿気《しけ》ていてかなり寒い。だが札幌にあって他にないのは、「白い雪」の季節だ。たしかに、ローマやロスにだって雪が降ることはある。だがワン・シーズン、それもきっちり三カ月積雪が続く大都会は、世界中を探して、札幌以外にない。日本にもない。

冬だけではない。札幌は四季の街としては、大都会ナンバーワンだと断じてよい。雪があるからだ。

この数年、ワールドカップ・ジャンプ大会で、男女とも世界中の雪山を転戦するさまがＴＶ中継される。ジャンプ台があるのは、都会からよほど離れた山中なのに、積雪が少ない。だが札幌のジャンプ台は、ノーマルヒル（宮ノ森）もラージヒル（大倉）も、都心から至近距離だ。選手たちはみな大都会の時空に向かって飛翔する。もちろん、雪不足で中止などということは、ない。「トンネルを抜けるとそこは雪国だった」（川端康成『雪国』）といわれるが、石狩平野の北・西端に位置する、札幌の東・南・北は、冬のあいだ、日本海から太平洋まで続く大雪原で、まさに壮観だ。

近年外国人観光客、とりわけ近隣諸国からの客が、新千歳空港を降りて、バス・電車・タクシーで札幌に移動する。冬の旅行客がいちばん驚くのは、千歳から札幌まで、高速道路をはじめとする自動車道の路面以外、すべて雪で覆われていることではないだろうか。

だがこの雪が、札幌にとってじつに長いあいだ難物だった。「雪害」だ。二〇世紀末までだった

「雪」は資源だ。観光やスポーツだけではない。農・工資源として大いに活用されだしている。

たから、ようやく四半世紀がすぎたにすぎない。

①雪が積もる。それに吹雪が重なると、あらゆる交通網（陸・海・空）がストップした。さしもの国鉄・JRの「定刻発着」力をもってしても、列車を雪の中から人力で掘り出すべしかなかった。道路は凍り、車は制御を失って、走行不能、雪原に立ち往生した。②個人暖房用のストーブその他がまき散らす煤煙が、札幌中をスモッグと化し、覆い尽くした。この煤煙から逃れるすべは、せいぜいのところ、室内に逃避するしかなかった。③だから、冬の札幌は、あらゆる活動が停滞した。雪は重荷以外のなにものでもないように思えた。

だが札幌は暖房を、電気・灯油・ガスエネルギーに転換し、道路網の整備と除雪に莫大な費用

を投じ、スモッグのない、麻痺と事故の少ない交通網を整備し、地下鉄建設に赤字覚悟で巨費を投じた。札幌は、景観が一変しただけではない。四季を通じて、日本でもっとも暮らしやすい都会に転じた、と断言していい（第二部参照）。

札幌の春と秋は短い。五月、桜が咲く。六月梅雨がない。夏は暑い。ヒートランドになる。だが夜は大方涼しい。十月、きもちのいい秋がきっちりやってくる。つまり過ごしやすい、住みやすいのだ。冬は暖房の中、飲むビール・食べるアイスがことのほか美味い。

くわえて札幌の居住条件がとてもいい。通勤通学ショッピングが至近だ。かつて雪国の住宅は、隙間風が通り抜け、粉雪が舞い込むつくりで、ストーブに石炭・薪をガンガン投じるほかなかった。じつに熱効率が悪かったのだ。だが、内・外壁の断熱に留意し、通風をよくし、湿気を寄せ付けない住宅設計に変わった。そして地価、家賃が京阪神の半分以下だ。

それに札幌には「仕事」がある。「若者」が集まる。退職した「高齢者」が終の棲家を見いだす。住みやすいからだ。

▼「札幌にはすべてがある。しかしすべてがない。」

かつて、こういわれた。隅から隅まで、「東京」仕様《スタンダード》だったからだ。会社は「支店」、大学（北大）は（東大）「植民地」、道庁は中央直轄、飲み屋の中心は、すすきのや狸小路街だが、「銀座」「新宿」通りの名がいまに残っている。

なるほどいまでも、銀行、百貨店、スーパー、コンビニ、建設会社、自動車販売店、等々、街には隅から隅まで「支店」だらけだ。だが、支店は腰掛け、あるいは姨捨（左遷）の場ではなくなった。自主独立が基本だ。それだけではない。**札幌仕様**が確実に増えてきた。幅をきかせている。

「**ニトリ**」（家具）、「**サンマルコ**」（冷凍食品）、「**アークス**」（スーパー）、であり「**札幌日産**」（自販）、「**きのとや**」（洋菓子）、「**札幌大学**」（地域共創学＝リベラルアーツ）等々はそのほんの一端だ。

それに、札幌は、個人消費の品々を生産・流通・販売する、消費中心都市だ。「純」という形容詞をつけてもいい。いわゆる「工場《ものづくり》」の街ではない。なんだ、札幌はただ浪費するだけで生産しない、無駄な街じゃないか、というなかれ。現代都市は、ロンドン・パリ・ローマ、そしてニューヨークも、純消費都市だ。こんなのは日本では札幌だけで、**消費中心社会のモデルケース**だと世界に誇っていい。

そのうえ、札幌市街はコンパクトだ。そのコンパクトな卵形の商・学・住の市街地を、三本の地下鉄が、大通公園で交わりながら、東西（新札幌〜宮の沢＝20・1㎞）、南北（麻布〜真駒内＝14・3、南北・東（栄〜福住＝13・6）へと貫通し、居住区（ベッドタウン）へと、雪が降ろうと槍が降ろうと、人々を楽々と運ぶ。じつに至便だ。また市電が南西市街地を循環し、鉄道、バス、とりわけ自家用車での通勤・移動がとてもスムーズだ。

もっと強調していいのは、空路だ。札幌空港（新千歳）は、欧米諸国から最短距離で発着できる、当然、成田・関西・東京（羽田）・中部・博多空港とともに、日本の拠点《ハブ》空港の役割を担っていい。ところが欧米諸都市には、成田や羽田（あるいはソウル）を経ないと、直行便がない。東南アジアには開かれているが、至近の欧米に航路がない、という体たらくだ。

二〇一六年、ようやく北海道の入り口（新函館北斗）まで到達した新幹線は、二〇三一年、札幌まで延長する。東京から札幌まで一〇三五km、およそ（最速）四時間で結ばれる。飛行機と十分競合できる移動手段ができるわけだ。東京に対する札幌は、ローマに対するミラノ、パリに対するリヨン、ベルリンに対するミュンヘン、ロンドンに対するエジンバラ以上になる。南からいえば、福岡、広島、神戸・大阪・京都、名古屋、横浜、東京、仙台、札幌が、点と線で固く結ばれる。「10都市連合」だ。この間、およそ九時間で結ばれる時代がすぐそこにやってきているのだ。

▼拡大から内部充実、そして都市連合へ

何か札幌の拡大ばかりに意を注いできたように見えるだろう。そうではない。

札幌は、開拓期から、いわばゼロ状態から始まって、机上の空論さながらに一五〇年を閲してきた。もちろん、不足をいえばきりがない。だが、札幌仕様《ウェイ》がすでにある、そういう「大人」になったのだ。東京や大阪から学ぶ必要などない、というのではないが、むしろ重要なのは、こ

さっぽろテレビ塔から見た札幌の風景

れ以上市街地を拡大する方策をとらないことだ。かなり無節操に進んだ、東・南・北へと伸びた居住地区《ベッドタウン》の漸次的《ステップ・バイ・ステップ》なリストラのときが来た。さらにその外に広がる衛星都市との緊密・役割分担化、そして「援助」を図るときが来ている。

　必要なのは、何度もいうが、自治・自立能力を身につける施策だ。岩見沢・江別・石狩・小樽・苫小牧・千歳・北広島さらには室蘭までも含む、曲線で結ばれた札幌＝道央圏＝都市連合の充実だ。

2　昔の名前で出ています——函館・室蘭・小樽

1　「蝦夷」は日本開国以来幕末まで、日本の「国領」ではなかった。江戸期、松前藩は「蝦夷」ではない。幕藩体制の藩＝自治国であった。幕府は一九世紀になって初めて、箱館奉行をおき、直轄・実行支配をはじめた。

明治に入り、開拓使（１８６９）ができ、その入り口・中継基地になって発展した港湾都市がある。典型は、函館であり、室蘭（工都）、小樽（商都）である。この三都の「盛衰」を抜かして、北海道の一五〇年を、そして「現在」を語ることはできない、ともに北海道の開拓と近代化を牽引した「栄光」の街だ。

2　同時に、敗戦後、三都はかつての特権的な地位を失っていく。札幌がすべてを吸収し拡大していく観があった。この三都が、北方領土と植民地を、つまり広大な商圏《マーケット》・利権を失ったからだ。

3　だが変革《イノベーション》は可能だ。三都ともそのやり方は異なるが、**港街特有の、特色ある国際都市**に変貌しつつある。あるいは変貌可能な条件をもっている。

▼変わるべくして変わった　函館

函館は、江戸期から北海道の入り口だっただけではない。幕府とその御用商人に莫大な富をもたらす、貴重な水産資源の宝庫であった。そのアンテナは、開国以前から、千島・カラフト・沿海州・シベリアへと伸びていた。

函館は、開港（1854）以降、日本の入り口となり、文字通り、日本海中央の新潟、南の長崎とともに、「世界」に開かれた国際港湾都市（商都）となり、殷賑を極めたといっていい。函館は、敗戦で国際都市としての地位を失い、その旧市街の繁栄ぶりをたび重なる大火や戦災でほとんど焼失し、わずかに古い町並みにとどめているにすぎない。

函館の眼前に広がる津軽海峡は、太平洋と日本海を結ぶ重要な航路だ。だが、潮流が早く、一見して、渡航困難だ。ところが函館だけは、古くから「巴港」とよばれていたように、巴状に湾入し、水深十分、湾港への出入りは潮流に逆らわなければとてもスムーズなのだ。船舶運送業・高田屋嘉兵衛の「成功」は、江差ではなく、函館港を拠点としたことと無縁ではない。

近代日本は、不平等条約解消を実現するため、憲法発布と国会開設を実現し、自主防衛力を高め、日清日露の両戦争で辛くも防衛し、西欧強国の尻尾にようやくたどり着き、自主独立を果たした。函館は海軍国日本の最前線に立つ一大拠点であった。

その函館の人口が、一九三三年に日本のトップ9に入り、札幌に抜かれたのが一九四〇年、二一世紀に入って三〇万人を割ったが、これを「健闘」といわないわけにはゆかない。

都市としての函館のもっとも特徴的な点は、北海道や本州から相対的に「自立」（孤立）していることだ。これは普通、マイナス面ととられがちだが、都市としての機能がバランスよく備わる条件ともなる。函館がまさにそうなのだ。政経・商工業、観光・学術文化・教育・娯楽・医療等が「高」水準でそろっている。なによりも居住環境がいい。住み着きたくなる街なのだ。むしろムダがないのが欠点なのでは、と思われるほどで、街の中心も、港湾に接した旧市街からおのずと北（五稜郭）側へ移動し、港町から「港をもつ街」へとなだらかに変化しつつある。これこそ**理想的な「変化《イノベーション》」**ではなかろうか。そして、空路と新幹線、高速道等の物流網を着々と整備しつつ、充実のときを迎えつつあるといえる。

私見では、人口増はなくていい。スリムになる必要はないが、むしろ漸減がいい。重要なのは**トータルで住環境がよくなること**だ。その条件はすでに備えている。開道一五〇年、「新生」函館はあと五〇年を着実に生き抜く地力を扶養した。そう確信できる。これは一地方都市として、すごいことなのだ。

▼室蘭、基本を残して「減縮」できるか？

近代北海道の入り口は函館だが、内陸への開拓は、室蘭を中継基地として進んだ。最初に足を踏み入れたのは、明治三年、廃藩となった仙台・角田藩の重臣、添田・泉兄弟が率いる四四戸

(51人　明治3)である。ただし室蘭は港に張り付いて、後背地がなく、農耕に適さない。だから室蘭が「窓口」となり、石狩(札幌)・空知(岩見沢)方面へと開拓の地が広がっていく。(その成功例の一つが、角田藩の泉麟太郎が率先して拓いた南空知の栗山町〔旧角田村　明治21〕だ。)北海道開拓を遅々とした歩みに押しとどめた巨因は、北海道中央部を貫流する石狩川とその支流の氾濫流域、とりわけ日本海から太平洋にまたがる広大な低湿地帯だった。

室蘭港は、外海から二重に守られている理想の天然港だ。内浦湾に抱かれ、外洋(太平洋)へと続く、大型船も係留可能な港だ。そしてこの港湾こそが、室蘭の「消長」の因となった。

室蘭発展の起因は、一八九二年(明治25)、輪西(室蘭港)〜岩見沢間の鉄道開通(石炭積み出し)と日露戦争前後に操業開始した、日本製鋼(三井系＝北海道炭礦汽船と英国2社の出資)と室蘭製鉄の操業である。ようやく自力で軍鑑を製造する時代を迎えた日本産業の一大画期だ。以降、室蘭は、南の八幡と肩を並べる「鉄の街」一色になる。

「製鋼」と「製鉄」の街、室蘭の独特な地位は、戦前も、敗戦後も、会社・組織名も造る物も変わったが、変わらなかった。そして一九六一年、(富士製鉄室蘭)に国内最大の高炉が完成し、六九年には人口一八万人を超える。室蘭の絶頂期だ。その室蘭が二〇一五年に人口半減し、その減少速度はいまも止まっていない。因は「鉄冷え」か? それもある。だが基因は、鉄需要減ではない。「合理化」＝技術の高速・進化と人員削減にある。住宅街は山側に広がったが、工場を取り巻く街の中心(商業・歓楽街)は、歯が抜けた。

製鋼・製鉄業は、生き残りをかけて技術革新に応じた展開をしてきた。だが街は、富山市に成功例を見るような、**商店街や住民地区のインフラ等の減縮化《コンパクト》が進んでいない**。室蘭は五十年間、一方向に拡大を続けた。今後五十年、生産現場を残して、周辺を「縮小《ダウンサイズ》」する必要がある。室蘭再生の道《ウェイ》だ（と思える）。

▼変身する「食」の街　小樽

バブル期、すすきのの場末で顔を合わせる飲み友だちがいた。その幾人かが、仕事を辞めたら小樽に住み、飲んで死にたい、という。昭和の終わりころで、小樽は港町のほぼ半ばが夜の「場末」のような、廃れたいい感じを出していた。

小樽は神戸や長崎と同じように、坂の街だ。後背地が狭く、細長い湾岸の表通りには、各種金融機関・大企業・商社の旧支店が、そして港をぐるりと取り巻く運河（荷物の出入港）沿いに倉庫群が列をなしていた。北のウォール街とよばれた金融機関の建物の数軒が、記念碑のようにいまも残っている。意外と小粒だが、造りは頑強かつ豪奢だ。

函館が北海道と世界への人と物と情報の出入り口であるなら、小樽は政都（開拓使本府）札幌の入り口であり、札幌の双子都市として、長いあいだむしろ札幌をリードした一大商都であった。三つだけあげる。

一、小樽は物と人が集まる集積地で、その引き金は、一八八〇年（明治13）、手宮（小樽）〜札幌に開通した、日本で三番目の鉄道（官営）で、二年後、産炭地幌内（石狩炭田）まで延長された。二、小樽はもともとニシン漁場で、冬期、日本各地から一攫千金を狙う数千人の人々が蝟集した。（地名に「銭函」をいまに残している。）北海道に流れる人は、なにをおいてもまず「小樽」に足を踏み入れたのだ。三、北海道の商取引の中心が、函館から小樽に移る。カラフト（木材）・北海道（石炭・小豆・米等）・本州を結ぶ物流の中核になったからだ。第一回国勢調査（1920）人口は、一〇万人以上で、わずかだが札幌を上回っていたのだ。

だが敗戦だ。北方領土を失う。物流が止まる。それでも一九六二年、小樽は札幌の拡大に付随するかのように、二〇万人を超えた。しかし二〇一五年、一二万人台にまで減じる。この減少の流れは止まらない（だろう）。

いま小樽は、札幌の「場末」としてではなく、札幌に宿泊する東南アジアを中心とした膨大な数の外国人観光客（とりわけ団体）の「胃袋」を満足させるに足る「和食」を提供する街として脚光を浴びている。札幌の食客を奪っているのだ。「まずかろう・安かろう」ではない。「うまかろう・安かろう」の顧客満足度十分のサービス＝食街に姿を変えてだ。すごい。

小樽は、敗戦後、札幌の「陰」として生きてきた。港から離れた地区は、（至近距離で仕事がある）札幌のベッドタウンに転じた。だが、大阪嫌いな「神戸子」のように、隠れ「小樽っ子」がいる。多くのハンディキャップを背負いながら、「老舗」小樽は、食を札幌から奪い、人口は減じても、**「自立」する観光都市へ**脱皮しつつある。

3　世界への入口・出口――旭川・釧路・千歳

▼道北の都・イノベートをやめず　旭川

旭川は北海道の中心近く、広大な盆地に位置する近代都市だ。岩見沢と同じように、開拓期にはじまる、交通・物流の要地で、南に札幌・小樽へと続く大動脈の起点で、西に日本海（留萌）、東に大雪山系を越えてオホーツク海（北見・網走）、北に日本海とオホーツクを分かつカラフト（木材）と結ぶ稚内を控えた、物と人とが集まる拠点だった。詩人で小説家の**井上靖**（1907～91）は、生後すぐにこの地を離れたが、父は軍医で、旭川は屯田兵が開いた軍都として出発した。

ただし開拓が始まったのは一八九一年（明治23）で、早くない。厳寒の冬、泥濘の春、猛暑の夏、秋雨・霜の迅速到来にもかかわらず、この北都は人を惹きつけつづけ、一九七〇年代、人口三〇万を突破、東北以北第三位の都市となっている。

旭川の街・街人の特徴は、函館と同じように、バランスよく「自立」していることだ。製紙をはじめとする製造業も盛んだ。だが物流が人馬・汽車から車・飛行機にイノベートし、北・西・

東への鉄路が廃止の危機を迎えている。旭川にとって「不利」か。そんなことはない。

　札幌と鉄・高速路で、東京と空路で「直」でつながる。とくに空路のイノベーションはめざましく、国内・国外とも観光客《ツーリスト》を急増させている。**〈アサヒカワ・ソウウンキョウ・アサヒヤマドウブツエン〉**、観光客の口からまず飛び出す言葉だ。

　学術・文化・医療さらには住環境でも充実度を高めている。南都函館と違うのは、農業中核地帯なため、厳しい経済環境にさらされ続けてきたことだ。だが近年、外国人観光客の急増に隠れて目立たないが、日本農産物の輸出が急増している。世界に市場が開かれた時代、旭川を中心とする上川盆地にも、過保護農政から自立農業への先端基地となることが期待される。いま、アサヒカワは、**第二の農業「開拓《イノベーション》」期**を迎えているのだ。

▼北洋・遠洋漁業の入り口　釧路

「蝦夷三官寺」という「名利」がある。幕府が、一九世紀初頭、住民（役人・漁民・アイヌ）統治（教化と戸籍調査等）のため、直轄する東蝦夷に指定した寺で、善光寺（有珠＝伊達）、等樹院（様似）、国泰寺（厚岸）だ。厚岸は、厚岸湾に抱かれたカキの漁場で、早く松前藩が「場所」（漁場）を開いた。のちに、漁獲高では道内一を誇る釧路は、「漁場」としては後発地だった。

　釧路の漁は、一八八〇年代までは小規模で、コンブにはじまり、ニシン・サケ漁を主業とし、漁獲高を徐々に伸ばしていった。だが一九〇〇年（明治33）にはすでに人口が一万人を超える。

採炭業（春採炭鉱）や製紙業（森林資源）の進出等があったからで、一九二一年（大正10）には四万人を超える。漁場も、沿岸から近海・北洋漁業へと転じ、函館・根室と並ぶ一大水産基地になっていった。漁業は、大小さまざま、イノベーションが死命を制する。漁船は、動力（手漕ぎ→焼き玉→ディーゼル……）、漁網（流し→巻き→底引き・延縄……）、船団（母船・独航船）等々への変換がある。

敗戦で広大な漁場を失っても、釧路の北洋・遠洋漁業の地位は揺るがなかった。オホーツク・ベーリング海（北洋）での操業に、他国が無関心だったのだ。だが二〇〇海里設定や捕鯨禁止問題があり、アメリカ・カナダが操業に乗り出し、さらにソ連（ロシア）によるサケ・マス・カニ等の漁獲制限措置によって、釧路漁業も大打撃を受ける。それでも、一九八七年には史上最高の水揚げ量（133万トン）を記録し、九〇年まで十三年間日本一を維持した。

釧路の主産業は全出荷額の三割を占める製紙業（日本・王子製紙）だ。その釧路が、やはり製紙業を主業とする苫小牧に、二〇一七年、人口数（17万人台）で抜かれた。林業も漁業とともに、**「獲る」から「育てる」産業への転換が必須**だ。しかも道東一の街として君臨してきた水産・製紙の港湾都市釧路は、広大な釧路湿原の海岸縁にへばりつき、近代都市として立地条件の悪さをものともせずやってきたのだ。

釧路は、**原田康子**の『**挽歌**』にあるように、霧の街だ。山がなく、雪が少なく、夏も冷涼だ。その原田が、祖母・母・娘（移民）三代の記録（『**海霧**』）を「釧路私史」として残した。まさに遺産《レガシイ》であり、イノベーションの「種」だ。

▼北の入り口　千歳

北海道の開拓は、「沿岸」からはじまる。日本海側にかぎっても、江差、瀬棚、岩内、余市、石狩、厚田、増毛、留萌等々だ。そんななか、千歳は、標高一〇数メータ・広大な火山灰地に位置し、かつては「農耕」に適さない寒村だった。だがここは、日本海から太平洋にまたがる「人跡」ままならない大低湿地帯（石狩平野・勇払原野）の縁側に当たり、陸路と水路をへて札幌、夕張（石炭）、江別・岩見沢（農）等、内陸各所へと分散していく開拓の「十字路」であった。（その役割は、物流網が鉄・空・道路に変わった一五〇年後の今に続いている。）

千歳といえばまず飛行場だ。年間乗客数は二〇一五年、二〇〇〇万人を超えた。パリ（ドゴール）空港の一億人超えから比べると、ものの数ではないように思える。そんなことはない。歴史が違う。一〇〇万超＝一九六七年、一〇〇〇万超＝一九八六年で、急増開始が二〇一二年なのだ。特に東南アジアからの客足の伸びが著しい。重要性からいえば、羽田、成田、関西、福岡とならぶ、北の「独占」入り口だ。残念ながら、世界主要都市との定期直行便が少ない（欧米都市にはゼロ）が、近未来の集客可能数は、東南アジアを控え、パリをうわまわる可能性もある。

千歳は、基地の街だ。飛行場は、敗戦後、占領（米）軍に接収され、民間航空便が再開された（1951）のちも、八八年に新千歳空港が開港するまで、自衛隊と併用状態が続く。だが他の基

新千歳空港の飛行機

地とちがったのは、立地条件が抜群で、住民数も徐々に増えた（自衛隊員家族がなお二五％を占める）。なによりも衣食住の「バランス」がいい。加工業を中心に勤労者が住む街になり、道内では稀な人口増の都市（10万弱）だ。札幌～苫小牧間の物流ベルトの中核を占める。

千歳の「至宝」は、支笏湖だ。原生林がぐるりと取り囲み、恵庭・風不死岳がわきに聳えるカルデラ湖だ。冷かつ透明な湖水で、広大なのに「神秘」感に満ちている。なによりもいいのは周囲の「改造」度が低いことだ。しかもアクセスがいい。札幌からドライブコースで一時間余りの距離だ。湖畔の一隅を除けば、観光施設が（少）ない。静かさが格別だ。

4 「突端」の街は唯一無二だ――稚内《わっかない》・根室・襟裳《えりも》・積丹《しゃこたん》・知床《しれとこ》

以下、4と5は駆け足でゆく。その存在理由は、唯一無二、一目瞭然（Seeing, believing.）だからだ。例えば、冬の竜飛岬は吉田松陰でなくとも、心が震える。下北半島の北端・大間岬は、函館から至近で、地図上で見ても心が躍る。無意識に指でなぞっている。

▼最北、最東の街　稚内・根室

北海道の都市では、日本最北の稚内、最東の根室を無視するわけにはいかない。ともに重要漁港で、北方領土への出入り港として栄えた。稚内はカラフト、根室は千島への出入り港だ。ともに旭川や釧路から遠く、街にかってての活気はない。それでも二〇一七年、稚内は三・五万（1920＝1・3万）人、根室は二・六万（1920＝2・5万）人をかかえ、炭鉱街とは違って、自立の道を歩みを続けている。ただし、鉄路は新しい「足」に取って代わられる。だれのせいでもない。物流イノベーションの結果だ。

一つだけ、両市で紹介したいものがある。稚内は大学だ。一九八七年（2000）大学開学、日本最北端の**稚内北星大学**（情報メディア）で、稚内の精神的支柱といっていい。根室では、一八八七年（明治20）年創業の**酒蔵**「**北の勝**」だ。他酒にない独特の風味で、とくに「搾りたて」は入手困難だ。

▼突端＝岬──白神・襟裳・知床・神威(積丹《しゃこたん》)

竜飛から北海道の最南端、白神岬（松前町）は近い。直線で二〇キロメータだ。白神には灯台や碑以外になにもない。

襟裳は、日高山地が海に落ち込んだ岩場で、奇観だ。強風が吹き荒れ、砂礫が舞う「エリモ砂漠」とよばれ、ために襟裳には「なにもない」と歌われた。だが、いまや食堂や宿泊所それに漁場（コンブ）まである立派な「観光」地だ。数十年にわたる「緑化」計画が成功したからだ。エリモのいいのは、この「人工《イノベーション》」場が街から「遠い」ことだ。

知床の突端へは、陸路がない。岬は船でへめぐる。二〇〇五年、世界遺産に指定され、脚光を浴びたが、古くから有力な漁場で、「クマ」の天国でもある。

積丹半島は、有力なニシン漁場で、山が迫った沿岸に漁村が点在していた。いまはほとんどない。この半島の突端に神威岬（美国）がある。歩いて行くしかなく、絶景の岩礁ポイントが連続する。その不便さがひどくいい。

突端に心躍ることと、そこが観光資源になることとのあいだには、必然性はない。エリモが

「観光地」になったからといって、そこで数泊したいとは思えない。突端は、ただ突端ゆえにいいのだ。

5　北の「秘境」――川・山・湖そして温泉

日本は狭いといわれる。だが先進国では狭くない。フランスより狭いが、イギリス、イタリア、ドイツより広い。自然の多様さは他に類がない。もちろん「秘境」にも欠けるところはないが、北海道にはむしろ少ない（だろう）。そのなかのいくつかを、川・山・湖・泉郷にかぎって、いくつか紹介する。もちろん、一部を除いて、イノベーションあってこそ、精彩を放っている。

▼大河――石狩川・天塩川・十勝川

北海道には、全国クラスの大河が三本ある。

石狩川（268㎞）は、暴れ川だ。ショートカットし、その流域を日本有数の農耕地に変えてきた。支流も長大で、空知・雨竜・夕張・千歳・豊平川等々で、石狩川のコントロール抜きに、北海道の開拓・発展はなかった。だが十分な対策は、まだ未完了だ。特に増水期、本流の水位があがり、低湿地帯を流れる支流の夕張・千歳両川に逆流する。広大な耕作地ばかりでなく、造成された住宅地を瞬時に鵜呑みにする。長大な放水路を造り、太平洋側に流し込む計画があったが、潰れて二十年だ。この点、利根川に学ぶ必要がある。

天塩川（256km）は、道北を縦貫する大河（国内4位）だが、最近は利用度が低い。ただし、真直ぐにゆっくり北に向かって流れるこの支流で、幻の魚「イトウ」を、年間、数百匹釣る釣師（医者）を知っている。もちろんキャッチ・アンド・リリースだ。

十勝川（156km）。広大な畑作地帯、十勝平野をへめぐり、支流が多く流域面積の広い大河だ。サケの遡上でも有名だが、この川、高潮等で簡単に逆流・氾濫し、貴重な農耕地帯を侵す。その対策は、堰で止めるていどのものだが、サケの遡上を止める原因ともなっている。

▼山嶺——日高・十勝・大雪山系

日本は山の国だ。急峻かつ荘厳な山々、低いが美麗な山等に満ちている。どの山にも歴史があり、イノベーションの成否がかかっている。

北海道にも、駒ヶ岳、羊蹄山、暑寒別岳、夕張岳、斜里岳、羅臼岳、そして利尻岳等、個性に富んだ山が連なる。だがやはり、広大な大雪山系（旭岳＝2291m）、爆発を繰り返す十勝岳（2077m）、そして未踏の地を隠すようにして連なる日高山脈（幌尻岳＝2052m）にとどめを刺す。

山の美しさからいうと、花と農耕地の美園、美瑛《びえい》から眺望する十勝連山だ断トツだ。冬山も、夏山も「山を満喫」できるのは、大雪山だ。まさに山の楽園だ。

だが登山に挑戦するなら、日高連峰だろう。北は富良野南端にはじまり、南は襟裳岬に落ち込む、全長一五〇キロの、登山道は少なく、人を容易に寄せつけない、日本では数少ない急峻な山々が連なる。山岳画家で知られるようになる**坂本直行**（1906〜82）は、開拓仕事に疲れた体にむち打ち、睡眠を削って、日高の山々に分け入ったという。開拓のスピリットをえるためだと思われる。

▼湖沼――支笏・洞爺・屈斜路・摩周・佐呂間《さろま》湖

サロマ湖（151㎢＝日本3位、以下同様）は砂州によって塞がれた日本最大の浅い汽水湖で、ホタテの養殖等も盛んだ。

火山の国日本の多くの湖沼は、カルデラ湖で、深く美しい。その多くは温泉郷をもつ、絶好の観光地となっている。北海道の湖沼も例外ではない。しかも、四季折々、その景観を劇的に変化させる。

洞爺（70＝9）は大きな温泉・歓楽街をもち、支笏は（78＝8）ごく一部しか観光地化されず、日本最大のカルデラ湖・屈斜路（79＝6）も一部に保養地の影をとどめているにすぎない。摩周（19＝20）は「神秘」が売りで、断崖に囲まれ、観光客が湖畔に足を踏み入れるのを拒んでいる。湖沼ほどイノベーションの難しいところはない。開発が「簡単」だからでもある。

▼泉郷――ニセコ・洞爺・川湯・定山渓

北海道にも、新旧の温泉地が無数にある。だがどこも苦戦している。なぜか？　都市のイノベートに比して、旧態依然としているからだ。

ニセコは古い湯治場だ。スキー場を「開発《イノベート》」し、オーストラリア等から多数の住民を招き寄せ、越後湯沢とは違う形の、野趣豊かなリゾート地に転じている。また新幹線の停車駅になる予定で、大注目を集めている。

洞爺は交通（車）至便だ。一帯は、蝦夷富士とよばれる美麗な羊蹄山（１８９８m）を控える、広大な近代的温泉郷・遊興街となっている。

川湯は屈斜路から少し離れた、硫黄産地から湯の町に転じた、横綱大鵬の出身地としても有名だ。

東京に熱海や湯河原がある。大阪に有馬が、そして札幌に（奥座敷と言われる）定山渓がある。北海道最大の温泉郷は登別だ。

日本の温泉街は、バブル期、金に物をいわせて拡張したが、崩壊後、長く温泉ブーム（狂乱）が終息、**正真正銘の温泉ビジネス・イノベーションの時代**に入った。ようやく、遊興中心ではなく、リーズナブルな料金で保養を楽しむ時・空を与える「点」（旅館）が生まれだした。この点、北海道は遅れているが、先行きは暗くない。

第二部　イノベーションの現場

——井上美香

1　風力発電で拓くまちの未来——寿都町の挑戦

▼漁業のまち、風のまち——寿都

小樽から西へ約一〇〇キロメートル、日本海に面した寿都湾《すっつ》沿いに広がる漁業の町・寿都町。人口三二〇〇人弱、高齢化率は全国平均を8パーセントほども上回る38・9パーセント（2017年）という過疎地域である。そもそもは、江戸期から明治期にかけて鰊漁場として興隆した町だったが、大正期から昭和期にかけて鰊が獲れなくなるとともに、次第に寂れていった歴史を持つ。

こうした状況は、なにも寿都町に限った話ではない。鰊漁で発展した北海道の日本海側の町はどこも同じ状況であったし、安価な海外炭と石油エネルギーの台頭によって廃れた炭鉱の町も同様だろう。明治以降、産業構造は時代とともに変化し、道内の多くの自治体はそうした変化に対応できず、経済の低迷と過疎化に頭を悩ませている。

広い土地を利用して工業団地を造成し、新たな企業の誘致を図った町はいくつもあるが、成功した例は少ない。第一・第二次産業での経営が難しければ、第三次産業の観光で新たな可能性を探るというのも定石だ。かつての夕張のような失敗例もあるが、地域の活性化に成功した町もある。知床の世界遺産を筆頭に、旭川の動物園、小樽のガラスや運河、余市のウイスキーやワイン、増毛の日本酒などは、その町の歴史や文化、産物と観光をうまくマッチさせ、新たな価値を生みだした。

では、寿都はどのような策を考えたのか。それは、古くから地元の住人に疎まれてきたものを利用して、町のあり方を変えたのである。その嫌われ者とは、「だし風」と呼ばれる、春から秋にかけて南南東から、秋から春にかけては北西から吹く強い風のことだ。

日本海側で寒い季節に吹く北西風は、吹く地域が限られることから〝局地風〟と呼ばれ、なかでも「だし風」は、細長い谷間を吹きぬけた風が海上に向かって強く吹く風のことを指す。寿都以外にも羅臼や日高などで同様の現象がおきる。その名は、陸から海に向かって吹いて船出に便利なことから付いたという。全国的には、清川だし（山形県庄内町）、やまじ風（愛媛県東部）、広戸風（岡山県那岐山麓）が「日本三大局地風」として知られる。

寿都に測候所ができたのもそうした理由からのようで、一八八四年（明治17）には東京気象台（のちの中央気象台）による全国天気予報の発表開始に伴い、寿都でも気象観測が始められている。測候所史上の最大風速は、一九五二年（昭和27）四月に記録された風速49・8m/sというから、道内の気象台・測候所で計測された記録のなかでも最大のものとなる。これは、簡単な木造住宅なら吹き飛ばされるほどの威力である。

ちなみに、この記録は全国九位にランクされるが、上位に入っている場所は、台風がひんぱんに来襲する南西諸島や山岳観測所ばかりというから、寿都がいかに風の強い土地であるかがわかるだろう（『寿都測候所の歴史』〔寿都測候所、２００８年〕より）。

陸から海に向かって吹く「だし風」は、漁師にとって大変危険なものだった。強風の影響で船が難破したり、海が荒れて沖止めされ入港できなかったりすることもしばしばで、動力船がない時代はだし風に流されて遭難した記録もあるほどだ。

こうした自然の脅威に対して無力だった当時の人々が、神仏にすがるのは当然のことだろう。そのため、風を切るための鎌を手に携えた風神像を祀ったり、あるいは鎌を家の両側に立てたり、船の舳先に括り付けたりするなど独特の風習があったという。鎌で切るという直接的な発想に、だし風に対する強い畏怖と忌避の思いが垣間見える。

▼全国初の自治体による風力発電所の建設

この風のまちに転機が訪れたのは、一九八九年のことだった。地元の中学校に電力を供給する目的で、学校の裏山に風力発電所を建設したのだ。推進したのは、当時、町の保健衛生課長だった片岡春雄（現・寿都町長）である。まさに逆転の発想で、「寿都ですぐに金になるのは風だ」と考え、反対する職員や議会を説得してこの計画を推進してきた（「時事ドットコム」公式ホームページ、トップインタビューより)。

いまでは珍しくなくなった自治体や民間企業による風力発電だが、寿都町が風力発電を始めた一九八九年(平成元)の時点では、全国初の試みだった。まだ、環境保全や景観形成といった風力発電のガイドラインも設けられていない時代である。

しかし、町としても研究や調査のために多額の費用はかけられないのが実情で、町営で行なう条件としては、発電所完成と同時に施設への電力供給を行なうことは必須の前提条件であった。そこで最初に電気を供給する対象となったのが、電気暖房を取り入れていた町立中学校で、学校の裏山にあたる丘陵地帯に五基の風車の設置が決まったのである。

現在の風力発電に使われる風車は三枚羽が通常だが、この時は二枚羽で出力も一基あたり16・5kw(同町での現在の最大出力は一基あたり2300kw)と非常に小型だった。しかも立地が山手であったことから風の条件が悪く、発電状況は8・1パーセント程度の稼働率にとどまり、「風が金になる」とは到底言えない結果となってしまった。

しかし、ここであきらめなかったことが、次の大きなステップへとつながっていく。一九九九年三月、地元の湯別温泉と農村活性化センターへの電力供給を目的として、新しい風力発電の運転を始めたのである。今度の風車は三枚羽で、一基で230kwの電力を生み出した。現在、年間に約40万kwhの発電量があり、夜間に発電した余剰電力は北海道電力(株)に売電するまでになっている(年間売上額は五〇〇〇万円にのぼる)。

▼まちの財源であり特産物となった風力発電

この成功によって、町民から風力発電に対する信頼を得ることができた。その二年後の二〇〇一年、片岡氏は町長選挙に出馬し当選。風力発電事業への熱心な取り組みとその成功が、評価の対象になったことは間違いないだろう。

片岡町長のリーダーシップのもと、町は「寿都町地域エネルギービジョン」を策定し、風力を中心とする新エネルギー導入の検討に入った。そして、二〇〇二年度から二〇〇三年度にかけてNEDO（新エネルギー・産業技術総合開発機構）の補助を受け、寿都湾最奥部の浜中海岸に出力600kWの風車三基が建設された。本格的な売電事業を目的としたものである。

その後、二〇〇六年から二〇〇七年にかけて、浜中から東側の海岸沿いにある歌棄地区にも出力1990kWの風車五基、2300kWの風車二基という大出力の風力発電設備が整った。現在、十一基の風力発電機が稼動（一九八八年建設の初の風力発電機は、施設の老朽化もあり二〇〇〇年に休止）しており、出力の総計は1万6580kWに上る。

これらの発電所で発電される電気の総量は、年間約2600万kWhに達し、一般家庭の消費量に置き換えると約6000世帯の電力を賄う計算となる。このほとんどを売電し、その利益は経費を差し引いても約八〇〇〇万円前後（二〇〇四年度）に達する。まさに、風が金を運んでくるようになったわけだ。

寿都町ホームページより

こうして得られた利益は、町づくりに必要なさまざまな財源に充当されている。例えば森林保全、磯焼け対策、水道料金の値下げ、街頭電気代の補助、通学費の補助、さらには医療の充実と多彩だ。大きな功績として特筆したいのは、二〇〇三年に四億円もの赤字を抱えていた道立病院を、町立診療所として再生したことである。売電による収益の一部を、診療所の運転資金として充当することで運営されている。

寿都の風力発電は、町の人々にとって〝暮らしのための電気〟という意味あいはほぼ持っていない。むしろ町の大切な財源、すなわち特産物なのである。もちろん風力発電で得たエネルギーを売ることで、化石エネルギーの総体的な消費量を減らすことに幾分かは貢献していることはいうまでもない。

とはいえ、風力発電事業は現在、さまざまな課題を抱えていることも事実だ。電力供給の不安定さやメンテナンスの問題、騒音など対処すべき課題は多い。風車の設置基数は全国的に増加しつつも、電源構成率は総エネルギーのわずか1・7パーセントにしか過ぎない。二〇一四年度の風力発電による累積発電量を見ても、世界19位と立ち遅れている。そもそも国内の自然エネルギー自体が、総エネルギーの一角を占めるようになるまでには、これまで以上の制度の充実と技術革新が必要だ。

寿都町の風力発電は、小さな町だからこそ可能になった成功例といえるだろう。また、事業を民間任せではなく町営で行なったことで、のちに再生可能エネルギーの固定価格買取制度を利用して、発電した電気を充当できたことも幸いであった。

時代を読み、負の要素に新しい価値を与える——。寿都の取り組みはイノベーションの好事例だろう。人々によって祀られた神様の手には、鎌ではなく羽をもたせるべきかもしれない。

2　デザイン力がもたらした革新――カンディハウスの思想

▼小さな家具工房から世界的視野の企業へ

旭川に本社をもつ家具メーカーのカンディハウスは、国内十三カ所にショップ（グループ会社も含む）を展開し、アメリカ・サンフランシスコとドイツ・ケルンにも法人を置く、世界的視野で事業を展開する企業である。

二〇一八年に創業五十周年を迎えたが、そもそもは旭川で椅子をつくる小さな工房がそのスタートだった。世に工房は数多あるが、そのほとんどは一代かぎりか家族経営で終わることが多い。そうしたなかで、カンディハウスは田舎の小さな工房から、半世紀を経て、どのように今日のような家具メーカーに成長できたのだろうか。

その鍵は「デザイン」にある。語源英和辞典を繰ると「de（分離）＋sign（印をつける）」と書かれていて、つまり「考えを頭から分離して、紙の上に印をつけ形にする」という成り立ちから生まれた言葉であるという。

頭の中のイメージを形にすることイコール、デザインというわけだ。それだけに、デザインは世に遍満している。机の上のカップや鉛筆から、印刷された文字やレイアウト、カーテン、壁紙の模様などなど、身の回りにあるものすべてがデザインの産物なのだ。

しかし、対象や素材をどうデザインするかによって、デザインされるものの価値は変わる。次項で紹介する定山渓国道もそうだ。単なる峠道が、「公園のような道路」というデザインを施されたことで、そこを走行する者の気分や印象を大きく変える。

そうしたデザインが持つ特性を家具づくりの核に据え、素材である木材にどのような姿かたちを与えるべきかを真摯に考え続けたのが、カンディハウス創業者の長原實氏であった。そして、その長原氏のデザイン志向が、旭川の家具づくりに大きな革新をもたらしたのである。

▼家具職人だった創業者に訪れた転機

そこでまず、長原氏がそうした理念にたどりつくまでの道のりを振り返ってみたい。

長原氏は一九三五年（昭和10）、東川村（現在の東川町）の農家に四男として生まれた。まだ、家父長制が幅を利かせていた時代、家に残れるのは長兄だけである。そこで自立のために長原氏が選んだのは、家具職人の道だった。

中学を卒業後、北海道立旭川公共職業補導所の木工科に入所する。ここはいわゆる職業訓練校であり、そこで一年間、家具づくりの基礎を学んだ長原氏は、旭川の「熊坂工芸」に入社。いよいよ家具職人への第一歩を踏み出すことになった。

長原氏が職人の道に入った当時、北海道の林業は最盛期を迎えていた。木材は炭鉱坑道の梁や支柱などに大量に使われたほか、戦後の住宅建築ラッシュで大きく需要を伸ばしていたのだ。しかも、ミズナラなどの良質な道産の広葉樹は、欧米で人気が高く、貴重な輸出品として外貨獲得の担い手となっていた。

とりわけ、大雪山系の広大な森林を抱える旭川は、明治以来、木材産業の一大拠点であり、同時に建具や家具の生産が盛んに行なわれてきた歴史を持つ。しかし、木材は良質にもかかわらず、旭川の家具づくりは本州の高級家具に及ばないレベルにあった。

大正期の関東大震災で東京が壊滅した際は、本州から旭川に家具や建具の注文が大量に入った。しかし、製品は粗雑で品質も悪かったことから、全国に旭川家具の存在を発信するせっかくの機会を生かすことができなかったという（木村光夫『旭川木材産業工芸発達史』〈旭川家具工業協同組合、1999〉、青木英一「旭川における家具工業の形成と生産構造」より引用）。

こうしたものづくりに対する意識の稀薄さは、木材産業が活況を呈する時代まで続いていたようで、長原氏は初めて働いた家具工場の雰囲気を次のように振り返っている。「工場の作業は、職人感覚というのでしょうか、とにかく時間にはルーズでしたね」（川嶋康男『100年に一人の椅子職人　長原實とカンディハウスのデザイン・スピリッツ』〈新評論、二〇一六年〉より）。

徒弟制度も色濃く残る家具職人たちのなかで、黙々と働きつづける長原氏に転機が訪れたのは十八歳の時、一九五三年（昭和28）のこと。松倉定雄という人物との出会いが、その後の人生の方向性を決めたのである。

▼人生を変えた工業デザインとの出合い

旭川出身の松倉氏は、日本で初めて創設された公的なデザイン指導機関である「商工省工芸指導所東北支所」（仙台）の技官だった。しかし、一九四九年に旭川市の前野与三吉市長に請われ、戦後の失業対策として開設された授産施設「共同作業所」（のちの旭川市木工芸指導所）で家具製造の指導を行なうために帰郷した。そこでは三十人ほどの受講生が学んでおり、そのなかで最年少が長原氏だった。

「松倉さんに出会っていなければ、私の人生はただの職人で終わっていたと思うのですよ」（「旭川デザイン協議会発足10周年記念パネルディスカッション『地域と創造力』」より）と長原氏が語るように、松倉氏との出会いは長原氏にとってエポックメーキングな出来事だったのである。

では、松倉氏が所属していた工芸指導所とは、どんな機関だったのだろう。同所は、一九二八年（昭和3）、当時の商工省によって仙台で設立された、産業工芸や伝統技法の研究に加えて工芸品の輸出振興を目的としていた。一九三七年（昭和12）には、東京に本所が移転し、仙台は東北支所となったが、この機関から世界の最新デザインを取り入れた実験的な試作品がいくつも作られていくことになる。

現在、家電メーカーなど大手製造業は、社内に必ずデザイン部を持っているが、昭和二十年代はまだ商品におけるデザイン性の位置づけは低く、工芸指導所が東芝やソニーなどの委託により、商品のデザイン開発に携わっていたという。そこから、戦後の日本を代表する工業デザイナーとなった、剣持勇や豊口克平などが輩出されていく（「産業技術総合研究所」ＨＰ、「『工芸』から『デザイン』へ」より）。

ここである疑問が湧いてくる。そもそも松倉氏は、遠い旭川からどのような経緯で、工芸指導所に勤めることになったのか。また、なぜ当時としては最先端の職場を捨て、後進地といっても過言ではない旭川のまちに戻ってきたのだろう。そこで松倉氏の歩みにも触れたい。

松倉定雄氏は、一九〇七年（明治40）に鷹栖村で生まれた。父は富山県出身の宮大工だったというから、何かの理由で渡道し、旭川の木工業に従事していたのだろう。

松倉氏の転機は、十五歳のときだった。当時、産業振興として工芸技術を教える富山県立工芸学校に、旭川区第六期工業研究生として派遣入学が決まったのだ。この留学制度は、一九一三年（大正2）に北海道を襲った大凶作に端を発する。当時の区長だった市木源一郎は、農業だけに頼っている脆弱な旭川の産業を見直し、木工業を産業のもうひとつの柱として振興させようと考えたのだ。若き青年たちを留学させたのは、そのための人材育成であった。

こうして松倉氏は、北海道を離れ、本格的な工芸技術を学ぶ機会を得た。この学校の校長だったのが、日本の工芸界と産業デザインを先導した国井喜太郎であった。松倉氏は、学校を卒業後、東京で二年ほど働いたあと、旭川に一度戻り、建築科の教師などするも、一九四二年（昭和17）に国井の招きで、仙台の工芸指導所東北支所工長として勤めることになったのである（昭和21年、商工技官に任官）。

そして七年後、家具産業の振興に力を入れる旭川市長の要請で、市役所職員となった。しかも「最も陽の当たらぬ共同作業所の主任として着任」（『旭川家具産業の歴史』）したのである。工業デザインの現場から旭川に戻ってきたのは、市費で学ぶ機会を与えてくれた故郷への恩返しだったのだろうか。

しかし、この松倉氏の決断が、若き長原氏をはじめとする旭川家具職人に、デザインというイノベーションを運んだのである。

長原氏は語る。

「これからの職人は創造しなければならん、デザインを取り入れなければダメだ、従来の家具作りではダメなのだと力説されました。職人もデザイン感覚を身に付けなければいけないといわれたこのひと言が、僕の人生を変えたと言ってもいい」（前掲『100年に一人の椅子職人』より）。

松倉氏は長原氏にデザインの重要性を教えた。「職人も、これまでのようなモノづくりでは生きていけない。外国人の服装にみられるように、日常生活にデザインを取り入れ、オシャレな姿や機能美を追求する。そして何よりも、日本人の生活のなかに西洋家具が求められるという時代が必ずやって来る」（前掲書より）と話していたという。

北海道の片田舎で毎日毎日、木くずにまみれ鉋を削る長原氏にとって、松倉氏の言葉は初めて大海を見たかのような目の覚める衝撃を与えられたことだろう。熱心に講習を受ける長原氏に松倉氏は、「工業技術院産業工芸試験場」のデザイン科伝習生として東京で三カ月間学ぶことをすすめたのである。松倉氏の目には、必死に何かを学ぼうとする若き長原氏の姿に、かつての自分が重なって見えていたのかもしれない。

長原氏は、恩師松倉氏の誘いに応じ、思い切って東京に飛び出した。そこで目に留まったのは、北欧で作られた椅子やテーブルなどの家具だった。旭川産の木材でこうした家具を作ってみたい――。旭川に戻ってからも、東京で見た北欧家具への熱は冷めず、ヨーロッパに行って勉強してみたいという長原氏の想いは募るばかりだった。

▼デンマークで発見した道産ナラ材

折しも旭川では、産業振興策として「家具の街」を看板に掲げようという機運が高まりつつあった。一九五七年（昭和32）には旭川家具工業協同組合も設立され、地域産業としての連携と基盤づくりが始まっており、一九六一年には当時の旭川市長・前野与三吉氏が、家具産業の先進地である西ドイツ（当時）を視察。そして帰国後に発表されたのが、「海外派遣技術研修生」制度の創設であった。

この制度は、さらなる技術向上を目指す若き職人たちを三年間、西ドイツに派遣するというものだった。その研修生に選ばれたことで、長原氏の夢はついに実現する。一九六三年に長原氏は渡独、一八八五年創業の西ドイツ・ラーゲ市にある老舗木工所「キゾ家具製造会社」で、家具工見習いとして働くことになったのである。この時、長原氏は三十歳であった。

西ドイツで研修生活を送るなか、休日を使って訪れたデンマークでさらなる転機が訪れる。偶然訪れた港に積まれた、「ＯＴＡＲＵ」の刻印が押された北海道産のナラ材に出くわしたのである。故郷の旭川でも滅多にみることのできない高級原木をみて、長原は愕然とする。

日本国内において、家具づくりは並材や低資材を用いて作るもので、高価な上材は外貨稼ぎのために輸出されていた。そして、遠く離れたヨーロッパの地で高級家具に生まれ変わり、日本に逆輸入されるという事実を目の当たりにした長原氏は、「世界一美しい樹は故郷にある」（川嶋康男『椅子職人―旭川家具を世界ブランドにした少年の夢』（大日本図書、２００２）より）ことに気づかされたのである。

▼デザイン力で世界ブランドを狙う

長原氏はその場である決意を固めていた。一九六六年の暮れ、海外研修を終えて旭川に戻った長原氏は、恩師である松倉氏の推薦で、いったんは旭川工芸指導所の指導員として働くが、二年後にデンマークの港で決意したことを行動に移す。

一九六八年、カンディハウスの前身となる「インテリアセンター」を設立し、地元の良質なナラ材を使った椅子づくりを始めたのだ。国内では、輸出用の高級材として誰も使おうとしなかったナラ材に、長原氏は新たなデザイン（カタチ）を与えようとしたのである。

当時、輸出用の木材を取り扱う製材所の人間には、「こんな高いものを使って儲かる訳ないだろう」と一笑に付されたと長原氏は語っている（「カンディハウス」HPより）。しかし、長原氏の考えるデザインは、国内市場だけを対象にしているわけではなかった。世界に通用する故郷の木材を使って、世界に通用する家具をつくり売ること――つまりは、旭川の家具を世界ブランドにすることに狙いを絞っていた。

長原氏曰く、「デザインというものを重要な戦略として企業活動の中に取り込んだ」（前掲「旭川デザイン協議会発足10周年記念パネルディスカッション」より）のである。

とはいえ当初、長原のつくる家具は、婚礼用の箱ものが主流だった旭川の家具業界で理解されず、売れなかった。西洋家具ほどの価格ではないにしろ、ナラ材を使った長原の椅子は、一般家庭向けとしてはかなり高価である。しかも、ヨーロッパ調のモダンな家具を、インテリアデザインとして生活に取り込むような生活スタイルは、北海道ではまだまだ普及していなかった。

さらに、家具業界は仕入れ問屋の影響力が強く、生産者は販売店と直接取引ができない仕組みになっていた。行き詰まった長原氏に、「市場を東京に拡げるべき」とアドバイスをしたのが、北海道建築賞を受賞した建築家の故・上遠野徹氏である。

そのアドバイスは、みごと的中した。初めて椅子（応接セット）が売れたのだ。場所は、新宿・小田急百貨店の家具を専門に扱う別館だった。高級輸入家具を数多く取り揃える店舗で長原氏の椅子が売れたわけで、まさに狙い通りの売れ方だった。

とはいえ地元の旭川では、問屋を通さず直販するインテリアセンターは異端児扱いで、その取り組みに対しても冷ややかな態度であった。それでも長原氏は、故郷の旭川で家具づくりを続けた。日本を飛び越え、世界を相手に旭川の家具を売るという信念は、少しもぶれていなかった。

世界と勝負するには、高い技術と創造性が不可欠である――そう考えた長原氏が、次の一手として考えたのが、外部デザイナーとの共同制作であった。一流のプロにロイヤリティーを支払い、それによる新作家具を定期的に発表したのだ。

これが大きな評判を呼び、インテリアセンターの名は旭川の家具メーカーとして、国内家具業界のなかで広く認知されていく。さらに、当初から目標に掲げていた海外市場へも、ドイツやアメリカなどで開催される見本市に積極的に参加することで、認知度を高めていったのである。

現在、カンディハウスがアメリカとドイツに置く拠点は、そうした事業活動のなかで基礎を作り上げていったものだ。現在の社名であるカンディハウスは、海外向け戦略のために採用したCI（Corporate Identity）として作られたブランド名であった。いってみれば、長原のデンマークの港での決意が、企業の理念としてデザイン化（CI）されたものといえる。

そして、こうした長原氏の発想と価値観は、旭川の家具職人の意識をも変えていったのである。

つまり、「デザイン」の力こそが、故郷の大切な財産である良質な木材を、自分たちの手で活かし、世界に発信するための重要なファクターであるという意識だ。現在、旭川には三十社を超える家具工房があり、道産材を生かしたシンプルかつモダンなデザインの家具が次々と作られており、それが「旭川家具」の個性となっている。

▼旭川家具を世界へ発信

長原氏の思想は、旭川家具工業協同組合が一九九〇年から三年ごとに開催する「ＩＦＤＡ（国際家具デザインフェア旭川）」として実現している。世界的にはドイツのケルン国際見本市など大きな家具見本市がいくつもあることから、そうしたイベントに倣い、旭川に世界の家具業界や関係者を集め、旭川家具を世界へと発信するとともに、地元職人の意識を高めようという狙いもあるのだろう。

メインイベントとして行なわれる「国際家具デザインコンペティション旭川」では、世界で活躍する著名な家具デザイナーが審査委員に名を連ね、家具デザイナーの登竜門として毎回世界各国から多くの応募があり、世界に注目される見本市に成長しつつある。

かつての旭川は、開拓使時代の調査報告に「建築用材ハ自家用の外、幾数十年間輸出スルモ尽ルコトナシト検定ス」と記されたほど、巨木が密生する大森林地帯だった。しかし、尽きることがないと思われてきた大森林も、伐採を繰り返せばやがて枯渇する。前時代のように、湯水のごとく巨樹巨木を送り出す供給地としての役割は終わったのだ。

そこで同社は、一九九七年からミズナラの植林事業を皮切りに、旭川工業組合も加わっての「植樹祭」も開催するなどして、旭川の森林保護につとめている。

同時に長原氏は、旭川における工業デザインの学びの場だった、芸術工学部があった東海大学旭川キャンパスの閉鎖が決まったことを機に、「公立ものづくり大学」の開学を目指す市民の会を設立。旭川でものづくりの精神を継承し、技術とデザイン力を磨く学び舎として、大学設立へ向けた運動を始めたのである。

さらに、工芸美術やものづくりの分野における、次代を担う人材育成を重視した長原氏は、道内在住または道内出身者を対象とした奨学金給付や海外研修支援などを行なうための基金の設立を考えていた。そのため、生前に私財を公益財団法人北海道文化財団へ寄付し、そこから誕生したのが、「人づくり一本木基金」である。

これは、創業三十年を機に長原氏が立ち上げたブランド「一本技」にちなんでいる。節や割れ、こぶのある木の個性を生かし、その木ならではの美しさ表現した家具を作ることが職人の使命、という氏の信念から生まれたものだ。

「100年生きてきた木の命をいただく者は、100年使える家具をつくる」という考えから、壊れた家具は修理し、不要になった家具は引き取り、ビンテージ家具として再生する――。

こうした氏の想いを受け継ぎ、一人ひとりの個性を生かしながら、北海道の未来を担う若者を応援する意味を込めて、「人づくり一本木基金」の名がつけられたという。そこには、自らも研修生として海外で多くを学んだ氏が、同様のチャンスを後進にも与えたいという心からの願いを感じずにはいられない。

旭川のみならず北海道の未来へ向けて数々の布石を打つなか、二〇一五年十月八日、長原氏は八十歳の生涯を閉じた。

葬儀のしおりには、長原氏が信念とした「創造無限」の言葉があった。創造＝ものづくりには、これまで氏が行なってきたデザイン、技術、森林保護、人材育成、地域活性のすべてが含まれている。そしてそれは、どれかひとつに偏ることなく互いに成長し円環し続けるのだ。

カンディハウスは二〇一八年、創業五十年を迎えた。その淵源をたどれば、松倉定雄氏に行き着く。もし氏が旭川に戻ってこなければ、長原氏はまったく違う人生を歩んでいたにちがいない。松倉氏は「デザイン」という概念の種子を、十代の長原氏に植え付けた。もちろんそれは、長原氏という最良な土壌があればのことである。長原に植えられた種は芽吹き、やがて大きな一本の木に成長した。そしてそれは旭川家具の職人たちに接ぎ木され、いまや地域に深く根を張る大木に成長したのである。イノベーションをめぐる人と地域の物語が、そこにある。

3　イノベーションが生んだ傑作道路「中山峠」

▼地球二周分以上におよぶ北海道の道路網

北海道には現在、約700キロメートルの高速道路と約8万8000キロメートルにおよぶ一般道路が走っている。距離にして地球を二周しても余るほどの道が、この島には張り巡らされていることになる。この密集度は、同じ程度の面積をもつ島であるアイスランドやサハリンなどと比べるまでもなく、極めて高い。

「北の大地」と謳われ原野に覆われたイメージの強い北海道だが、こうした道路網の充実ぶりからは、道路というネットワークによって各地域がつながり、情報とモノが絶えず行き交う近代化された一面が見えてくる。

こうした道路環境が整うまでに費やされた年月は、およそ一五〇年。道南の一部を除いて、北海道に「道」（鉄道を含む）が作られ始めたのは、明治期以降のことなのだ。

▼アイヌの道にルーツを持つ中山峠

つまり明治期以前の北海道には、今でいう道路らしい道路は存在しなかった。かつての北海道の道は、徒歩で利用するアイヌの道だった。コタン（集落）とコタンを結び、コタンと漁場や猟場をつなぐ生活の道である。原生林が生い茂る内陸部では、川が日常的な交通路であり、海辺のコタンでは沿岸沿いに舟で行き来した。そうした水上の路が、荷物の運搬などを担うこの時代の主要なルート（道）となっていた。

アイヌ語で道のことを「ル（ru）」という。アイヌ語地名の研究者として知られる山田秀三は、「足跡もなにもない、ただ通って行く筋の処でもルと呼んだ。渓流の中でも、藪を押し分けて通る処でもルなのである」（『アイヌの道』）と述べている。

積雪の季節に使う冬の道や、鹿などが歩く獣道や沢筋を登り降りするような夏の道など、道にも種類があり、そのなかでも特筆すべきものが「ルベシベ」だ。一般的には「峠道」と訳されるが、正確には「山の低くなった処、或いは最短距離の処で明らかに山越えに都合のよい地点」のことを指すという。つまり、アイヌの人々が暮らしの中で見つけ利用した、非常に利便性に優れた道のことなのである。

かつて、北見市の隣町だった留辺蘂《るべしべ》町（現在は北見市と合併）は、まさにそのアイヌ語が地名として残ったものだが、道内にはほかにもルベシベと呼ばれる場所が数多く存在した。前出の山田氏によれば、こうしたルベシベを地図上に落としていけば、アイヌの古道が復元できるという。

そんなルベシベの一つに、現在、日に一万台もの車が往来する、道内でも屈指の通行量を誇る観光道路「中山峠（国道230号）」がある。

▼僧侶が信者とともに開いた道

道南と道央エリアを結ぶ中山峠は、かつてルベシベとしてアイヌの人々に利用された歴史を持つ。史実に残る中山峠を超えた最初の和人は、岐阜を拠点に蝦夷地で木材商を営んだ三代目飛騨屋久兵衛だった。宝暦二年（1752年）、尻別山（尻別岳）の伐採作業を松前藩から請け負った飛騨屋は、良質なエゾマツやトドマツを求めてこの山道に入った。

実は、「北海道」の命名者としても知られる探検家・松浦武四郎もこの峠を越えている。安政五年（1858年）のことで、虻田から石狩に抜ける山道開削の可能性を調査するためだった。厳冬期の二月、アイヌ六人と犬五匹を同行しての旅だったというから、おそらく「冬の道」を歩いたのだろう。

この時の調査結果を、武四郎はこう記している。

「川ニ沿ヒ虻田・有珠ニ路ヲ開カバ其ノ弁理如何バカリナラム」

この武四郎の進言に従い、喜茂別川沿いに本格的な道路開削が行なわれたのは、一八七〇年（明治3）になってからのことだ。その開削を請け負ったのが、浄土真宗大谷派の東本願寺で、僧侶を中心とした信者たちがこの道路工事を担ったのである。なぜ、仏教の一宗派が、蝦夷での土木事業を請け負うことになったのか。それは、明治政府と一宗派がそれぞれに抱える、ある事情によるものだった。

ロシア南下への防衛と殖産興業を目指す新政府にとって、北海道開拓は喫緊の一大事業であった。一八七〇年の開拓使設置とともに札幌本府の建設が始まるが、急がれたのは箱館‐札幌間を陸路で連絡する、新たな道路の開削である。

しかし、戊辰戦争などの出費で政府の財政はひっ迫しており、開拓事業費は乏しかった。ましてや道路開削ともなれば、莫大な費用と労力が必要となる。そこに名乗り出たのが、東本願寺だった。

親鸞を開祖とする浄土真宗本願寺（派）は、江戸初期に東西に分裂し、西本願寺が朝廷、東本願寺は幕府とそれぞれ結びつきを強め、その保護下で勢力を競った。しかし討幕が決定的となり、立場が苦しくなった東本願寺は、すぐさま新政府に対して献金を行なうなど接近を開始していた。

しかし、一八六八年（明治元）の新政府樹立とともに国家神道の設置が発表され、日本宗教界に大きな衝撃が走る。そのため、全国各地で廃仏毀釈運動が激化した。西本願寺は朝廷との親密な関係を保ちながら、辛うじて弾圧から免れていたが、幕府の庇護がなくなった東本願寺は、このままでは存続すら危ういと考え、政府が行なう公共事業へ貢献することで生き残りの道を図ったのである。

もともと松前藩の時代は、東本願寺に道内一円の独占的な布教を許されていた。それだけに、道路開削事業に乗じて北海道各地に入り込むことで、さらなる信者の拡大を図ることも視野に入れていた。

京都を出発し、道中、寄付を募りながら箱館までやってきた一行は、一八七一年七月、当時十九歳だった現如上人の総指揮のもと、ついに道路開削工事に着手した。現場では土木工事の専門家・宇野三石衛門、尾崎半左衛門の指揮のもと、多数のアイヌを雇い、仙台伊達藩の移住者ほか地元の住民も多数動員して工事を進めたものの、作業は困難を極めた。

『札幌区史』(札幌区役所、1902年)には、「僧侶みな円頭、緇衣(しえ、法衣)、モッコ(土砂の運搬に背負って使う運搬用具)を負い、土を運び、斧を採りて木を伐り、以って道幅九尺、伐木三間宛開削」とある。また、久松義典著『北海道通覧』(1894年)には、「其の野に宿するときは毒虫集り来りて、一命将に危からんとす。其の山に寝るときは、餓狼襲い来たりて、終に宵眠ること能はす」とも記されている。

深い谷底を這うように、あるいは断崖絶壁で足を踏み外しそうになりながら、野獣や毒虫の襲来に怯える過酷な作業が続いた。ところが、驚くべきことにこの道路開削は、着工からわずか一年余あとの一八七一年に竣工をみる(札幌平岸 - 伊達村尾去別)。冬期間は作業がはかどらないことを考えると、実質一年もかからずに出来上がったものと考えられる。

標高約836メートルの峠を超え、113カ所もの橋を掛け、延長26里10町5間(約102・2

キロメートル）の道が完成したのである。工事に参加した人員は、およそ延べ五五〇〇人。まさに、大量動員による力技の突貫事業であった。

そして完成後、東久世開拓長官とともに道路見分へやってきた太政官参議・副島種臣によって、「本願寺道路」とも呼ばれるこの道のルベシベに、「中山峠」の名がつけられたのである。

箱館から中山峠を経て札幌へと続く道路開削は、これまでの土木事業の常識を変えた一大事業、すなわちイノベーションであったといえる。

▼生活とかけ離れた国策道路の末路

コタンとコタンを結ぶ道、家と家、まちとまちを結ぶ、人々によって長く踏みしめられて出来るのが「道」というものであるなら、本願寺道路は、僧侶たちの労苦を別にして、ずいぶんと乱暴に作られた道といえる。日本から見れば北海道は、化外の地を切り開く北の果ての島であり、人々の営みは二の次で、なによりも国土開発の実行が優先する土地だったのだ。

たとえば、囚人たちの強制労働によって明治二十年代に作られた旭川‐網走間の「中央道路」（囚人たちによって開削されたのは網走‐北見峠間の163キロメートル）は、ロシア南下への防衛という軍事目的から開削が急がれたものだった。

明治期以降の北海道にとって、道路とは人々の暮らしとは別の理由で切り開かれた。それゆえに一八七三年（明治6）、函館‐室蘭‐千歳を繋ぐ「札幌本道」が開通すると、中山峠を通るルートは廃れていく。
それでも、何度か部分的に改修工事が行なわれ、一八九四年（明治27）には中山峠に駅逓所（宿場）が設けられるものの、昭和に入るとついにほとんど人が通らない廃道状態となってしまう。一九三五年（昭和10）頃の話として、作家の河合裸石は次のように記している。
「家（引用者注・駅逓所）の中に入ると、陰惨な空気の中に死人の臭気が水の如く流れて、シイロイファーの臭気が鼻を撲つ。本道各地の土木部屋から脱走してきた土工や、浮浪人が定山渓方面から熊に怯えながら、漸くこの峠まで辿り着いて此の家を発見したものの、食物がないので遂に餓死したり、或は深山の静寂におびやかされて、遂に世を悲観し此家の梁に縊死を遂げたものであるので、それこそ『死の家』と名づけたり」（『蝦夷地は歌ふ』〔札幌藻雲荘、一九三五年〕）
僧侶が命がけで開削した道は、それから五十年が経った頃、幽鬼に満ちた道になっていた。戦後は、喜茂別‐定山渓間に夏期のみバスが通るようになったものの、急なカーブがいくつも続く上に道幅は狭く、車窓のすぐ下を深い崖が口を開けており、いつしか「魔の峠」と呼ばれるようになる。

▼第二のイノベーションは、心和む公園のような道路づくり

そんな寂れた道路に改修の手が入るのは、一九五七年（昭和32）のことだった。一九四九年に洞爺支笏湖が国定公園に指定されたことから、札幌と洞爺湖を結ぶ観光ルートとして再び脚光を

浴びたのだ。本願寺道路の開通から約八十年を経て、第二のイノベーションが起きようとしていた。

道路の改修にあたっては、定山渓と中山峠を結ぶ17・4キロメートルもの山道を、どのように通り抜けるかが大きな課題であった。この区間は標高が高く、23カ所もの急カーブがある上、土質も粘土や巨大な岩盤層が行く手を阻み、相当な難工事が予想された。しかし、この難題への挑戦が、その後の北海道の道路のあり方を大きく変えるエポックメーキングとなったのである。

工事を担ったのは、札幌開発建設部定山渓道路改良事業所の大谷光信氏（当時）と、彼が率いる平均年齢二十六歳という若手技術者たちであった。作業にあたって大谷氏は、彼の師であり弾丸道路（国道36号）工事の中心人物として「道路の神様」と謳われた高橋五郎氏の以下の言葉を、設計理念とした。

「道路は公園と同じで、通ることによって心が和むよう造られ、維持されなければならない。乱暴なドライバーが破壊しても根気よく直し美しさを保って欲しい」

それまで防衛や産業振興といった国策により、自然豊かな原野を力づくで切り開いてきた北海道の道路。そこに、これまでなかった「心の和み」や「美しさ」という、人の心に寄り添う価値を付加しようとしたのである。

この理念を具現化するには、安全面と防雪対策、そして自然の景観を生かすための技術と工夫が必要であり、そのためにそれまでの常識にとらわれない柔軟な思考が必要だった。

▼アートとテクノロジーの高度化による技術革新

そして一九六九年（昭和44）、実に十二年もの歳月を費やして完成したのが、現在の定山渓国道（国道230号）である。北海道に住む人間、特に札幌など道央圏の住人ならば、この道を通ったことがない人は稀であろう。

緩く大きくカーブする無意根大橋から見下ろす景色は、この道を通るたびに見ほれる眺望のひとつだが、この橋はそれまで直線が常識であった橋梁の概念を覆すものであり、鉄道で用いられるクロソイド緩和曲線を採用している。

また、雪や落石を防ぐための仙境覆道は、外の景色を望めるように谷側に柱をたてない「片持型式」とした。さらに、雪崩が起きた場合にトンネル入り口の両側に雪が落ちるように設計された、〝ワニの口〟と呼ばれる坑口を持つ薄別トンネルや、明るい所から暗いトンネルに入る際の急な暗転の危険性を軽減するため、坑口にガラスブロックを張ったルーバー構造を日本で初採用した定山渓トンネルなど、随所に斬新なアイデアが採用されている。

このほか、のり面を緩勾配にすることで周囲の植生と馴染むようにし、区間の擁壁には工事中に排出された石材を張り付けて周囲の自然との一体感を図るなど、安全性と機能性を優先しつつ、自然との調和を損なわないための創意と工夫が随所に施されている。

定山渓国道の完成後、関係者のみならず各新聞・マスコミからは、「これからの山岳道路はか

定山渓国道碑

くあるべし」と絶賛され、その評価はいまも変わらない。一九九四年（平成6）には、東京大学教授で景観デザインを研究する篠原修氏が、この定山渓国道の設計に「シビックデザインの北の先駆者」との賛辞を贈っている。ちなみにシビックデザインとは、「地域の歴史や文化と生態系に配慮した、使いやすくて美しい公共土木施設の計画・設計」と定義されている。

　大谷ら設計チームに、造形や造園を専門とするデザイナーがいたわけではない。時代は、経済高度成長期である。篠原氏は、「標準設計にあらずんば平家にあらずの時代」に、「孤立無援、立派な造形を成し遂げたエンジニア・アーキテクトに顔向けができないような仕事をするわけにはいかない」と、自らの仕事への決意を漏らしている。

　大谷氏は、かつて定山渓道路が開通した際、次のように語っている。

「決して冒険はしていないが、これまでの本道の道路造りの研究成果は全部導入した」

「『芸術』（アート）と『技術』（テクノロジー）をどんどん高度化すれば、その境目はますますなくなる」と共著者の鷲田小彌太は述べているが、まさに彼らの仕事もその典型ではなかろうか。

イノベーションとは、これまでの価値観や常識を変えるものである。しかし、それは手品のように作為的なものや、あるいは神の采配のような偶然の産物ではない。長い時間に培われ、蓄えられた技術が、新たな思想を得てアートのレベルにまで達する——このようにしてイノベーションは起こるに違いない。大谷チームの仕事は、そのことを教えてくれる。

4　世界的豪雪大都市の環境対策——札幌のイノベーション精神

▼公害対策から生まれた地域暖房の試み

戦後の高度成長期を支えたのは、重機械工業や製造業である。工業地帯や都心部には多くの雇用が生まれ、上野駅は農村地帯からの集団就職や出稼ぎで上京した若者で溢れた。都心部の人口が増えていったことで、建築ラッシュもはじまる。さらに一九六〇年代後半になると、モータリゼーションが急速に進展し、乗用車の生産台数は飛躍的な伸びを示した。

都市の貌が急速に変わっていくなかで、工場の排水や排煙が原因の水俣病や四日市ぜんそく、車の排気ガスなどが原因の光化学スモッグといった、工業の発展と車の普及によって生まれた深刻な公害が、人々の体をむしばんでいた。

こうした事態に、国も具体的な公害対策に乗り出すことになる。

一九六二年（昭和37）に「ばい煙の排出の規制等に関する法律」「建築物用地下水の採取の規制に関する法律」、六七年には「公害対策基本法」、六八年には「大気汚染防止法」が制定され、

〝公害国会〟と呼ばれた七五年の第六十四回国会で、環境庁（現・環境省）の新設が閣議決定されたのである。

全国で公害対策が進むなか、どこよりも早くばい煙対策に乗り出したのが札幌市であった。一九六二年に早くも「札幌市煤煙防止条例」を制定したのである。しかし、工業地帯でもない札幌の街で、どうして全国に先駆けた公害対策が必要だったのだろうか。

その起因は、北国特有の冬季の都市環境にあった。当時の札幌は人口五〇万人に達し、特にビルや建物が集中する都心部では、個々の建物の暖房から排出される煤煙や有害ガスによって、急速に大気汚染が進んでいたのである。そのため厳寒時の朝夕には、ばい煙が都心部に立ち込め、ヘッドライトを付けなければ自動車の運転に支障がでるほどだった。

こうした状況を改善しようと、札幌市は六六年七月、「地域暖房建設推進委員会」を設置。委員長には、のちに札幌市長となる板垣武四助役が就き、計画実施に向けた準備に入った。地域暖房とは、熱供給設備（プラント）から地域内のビルや建物に、導管を通して温水や蒸気などの熱媒を送り、暖房や給湯、冷房などを行なうシステムのことである。この供給システムを、札幌市は都心部および新興団地に導入しようと計画したのである。

実はこの年の四月、イタリアのローマで開催された第六十四回国際オリンピック委員会総会において、六年後の冬季オリンピック開催地が札幌に決まったばかりであった。札幌での開催は、冬季オリンピックとしてはアジア初のことであり、札幌の名が国際社会で広く認知されることは間違いなかった。

そのためにも、札幌の街の再開発は喫緊の課題だった。とりわけ深刻化する大気汚染は、世界のアスリートを招く意味からも、必ず解消しなければならない大きな課題である。そのためにも、これまでにない新たな変革が求められていた。

札幌に青空を取り戻すためのイノベーションが、ここに始まったのである。

▼豪雪地初の試みとなった熱供給システム

一九六八年（昭和43）には、第3セクターの公社を設立し、日立造船の設計による熱供給プラントと導管の建設工事が着工する。とはいえ当時、国内で地域熱供給を行なう自治体は、大阪万博開催をきっかけに再開発された千里中央地区で、七〇年に営業を始めた一例しかなかった。札幌のような豪雪地で行なう熱供給システムは初の試みであり、建設の時点からすべてが手さぐりで進められることになる。

さらに、供給先を確保するのも簡単なことではなかった。個々の建物に設置された従来の暖房設備を撤去し、プラントから熱供給を得るための新たな設備投資が必要となるからだ。大気汚染を解決するという地域暖房の目的を理解してもらい、新たなシステムを導入してもらうための苦労は想像に難くない。

こうした苦労を重ねながら七一年、北海道初の熱供給事業がスタートした。この時の供給地域は、札幌駅前通りを中心に南1条から北5条までの約1・1平方キロメートル。事業の要となるボイラプラントは、中央区北7条東2丁目にあった約1万1600平方メートルの帝国繊維株式会社工場跡地に建設された。

その後、供給先は札幌市新庁舎、札幌中央郵便局、NHK放送局など二十二の建物におよび、徐々に大気汚染は軽減されていく。札幌オリンピック冬季大会開催前年の冬季、降下煤塵量および二酸化硫黄濃度は、ピーク時の約四分の一から五分の一にまで減少した。

さらに、オリンピック開催に向けた都市開発の一環として、公社は東区の光星地域で建設が始まった市・道営住宅にも熱供給を行ない、一九七〇年に設立された別会社が、厚別地区の市営住宅と札幌オリンピックの選手村となった真駒内団地に熱供給を行なった。

七二年二月三日午前十一時、三十五カ国・地域から集まった選手や関係者およそ一五〇〇人が参加して、札幌オリンピック冬季大会の開会式が開催された。その日は快晴で、氷点下の気温ながら五輪の旗が青空の下に翻った風景は、当時まだ幼かった筆者の記憶にも鮮明に残っている。

オリンピックの開催は、その地域を大きく変貌させる強い経済効果と影響力を持つ。現在の札幌の街を築く基礎となったグランドデザインは、オリンピックに端に発するといってよい。そしてそのひとつが、前述の地域熱供給事業であった。

札幌市は現在、都心部の低炭素化と持続的発展を支える環境エネルギー施策として、「都心エネルギーマスタープラン」の策定を進めている。この計画を支えるのが、コージェネレーションシステムを含む熱供給システムである。七一年に起こった地域暖房のイノベーションは、誕生から半世紀近く経ったいまなお、札幌の街の環境保全とエネルギー改革に寄与しているのだ。

▼路面電車から地下鉄へ――公共交通の挑戦

オリンピック開催によって、まちの公共交通にも新たなイノベーションが起こった。地下鉄の開業である。

札幌の街は、年平均5メートルもの積雪を記録する豪雪地帯でありながら、一九六万人という全国五位の人口規模を有する、世界でも極めて稀有な都市である。そうした北方圏のまち・札幌の発展を支えるためには、降雪の影響を受けない交通インフラが必須だった。

明治期、石材などの資材を運ぶために敷かれた馬車鉄道は、一九一八年〔大正7〕に札幌電気軌道（一九二七年〔昭和2〕に市営化され札幌市電に）となった。資材等の運搬は鉄道輸送に譲り、路面電車は旅客輸送専門となった。さらに一九三〇年からは、乗り合いバスも街を行き交うようになる。

しかし、電車・バスともに苦労したのが、半年近くも続く降雪期の対応であった。電車は雪が降るたびに立ち往生し、バスも除雪が追い付かず運休することが多かった。先に解決策を見出したのは路面電車のほうで、一九三五年〔大正14〕に登場して以来、九十年以上たったいまなお活躍する「ササラ電車」が、冬の運行を支えている。

ササラ電車（出典：ウィキメディア・コモンズ／作者：Tennen-Gas）

これは、札幌電気軌道の技術者だった助川貞利が、台所にあった竹製のたわし（ササラ）をヒントに考案したといわれる除雪車だ。回転軸の周りに束にした竹を放射状に取り付け、軸が回転することでレールの上に降り積もった雪を跳ね飛ばす、というシンプルな仕組みだった。このササラ電車の登場により、通年の定期運行が可能になり、市電は市民にとって欠かせない足となっていく。

一方のバスは、運行ルートを自主除雪することでなんとか凌いでいたが、大雪の時は間に合わず、運休することも日常茶飯事だった。一九五一年には、道と関係市町村、業界団体が一丸となり「北海道道路運送冬期対策協議会」を発足。中央省庁に根気強く陳情を続けた。

その結果、発足から五年後の五六年には「積雪寒冷地冬期交通特別措置法」が制定され、ようやく国の補助金による除雪が可能となった。北国が訴えた雪害という窮状に対して、措置法の制定まで五年もかかったのは、雪の弊害に対する政府の認識が甘かったせいとしか思えない。

その後、高度成長期に入ると札幌の人口は急激に増加。都市部への通勤人口も激増したことにより、市電とバスはパンク状態に陥ってしまう。輸送量が急増する一方、自動車の交通量も増加したことで、朝夕の交通ラッシュは市内各地で渋滞を引き起こし、双方とも運行に大きな支障が出ていたのである。市電側は、ラッシュ時に増結できる親子電車や連接車、急行電車を導入。市営バスも大型路線車やマイクロバスを導入して対応したが、根本的解決にはほど遠かった。

▼東京、大阪、名古屋に続いて誕生した地下鉄――札幌方式

この事態を解決する切り札として浮上したのが、地下鉄である。当時の札幌市交通局長だった大刀豊が発案したもので、早くも一九六五年には札苗実験場（東区）でゴムタイヤ方式の試験車両による各種試験を開始していた。

ゴムタイヤを使用した地下鉄は、世界でもパリ、モントリオール、メキシコの三都市のみ。しかも、それらは車両を他の路線に移すときに鉄製の車輪につけかえる必要があった。しかし札幌の場合は、ポイントの切り替えと走行をともにゴムタイヤで行なう独自方式を開発し、「札幌方式」という名称がつけられた。既存の地下鉄を模倣するのではなく、札幌に最も適した形態を研究した結果であった。

とはいえ、当時地下鉄が走っていたのは、東京、大阪、名古屋という人口二〇〇万人以上を擁する大都市だけだった。札幌はまだ八〇万人を越えたほどの地方都市であり、膨大な経費が必要となる地下鉄の実現は、国がどれだけの補助金を拠出するかにかかっていた。

しかし、担当する運輸省は、六大都市に地下鉄を整備するのが先決として、札幌での建設に難色を示していた。「地下鉄を走らせてクマでも乗せるつもりですか」という運輸省担当者の皮肉に対し、「クマでもゼンコさえ払ってくれれば乗せますよ」と大刀が言い放ったという逸話が残っている。

大刀の執念を後押ししたのが、札幌オリンピック冬季大会の開催決定だった。五万人とも予想される大量の観客を、積雪期の冬道を走るバスだけで輸送することは、現実的に難しかった。ようやく地下鉄の導入へ動き出したものの、突如ブレーキがかかる。平岸から真駒内までの区間、地上を走る高架部分の雪対策に大きな課題が残ったままで、ゴムタイヤという特殊性もあり、さまざまな除雪実験がことごとく失敗に終わっていたのである。

そこで考案されたのが、戦時中のドイツが大砲輸送時に採用した、線路を覆うシェルターというアイデアである。高架部分をすっぽりと包んでしまうこれまでにない奇抜なアイデアの採用によって、地下鉄の導入がついに決定した。

雪の多い札幌の街における交通の歴史は、環境の厳しさを創意工夫と努力により解決してきた歩みでもある。ササラ電車といい、地下鉄といい、全国のどこにもない札幌だけのオリジナルなインフラが生まれたのは、他者（中央や常識）に頼らない自主自律の精神をもって課題に対峙したからではないか。これこそ、北海道イノベータ精神と呼びたい。

日本で四番目となる地下鉄は一九七一年（昭和46）十二月十六日、北24条－真駒内間の南北線が開業した。札幌オリンピック冬季大会開催時は、最大8両編成（現在は4～7両）まで増結され，数多くの観光客や市民を運んだのである。

そして、開業から五年後の七六年には、東西線（琴似－白石間）が開通、その二年後には南北線が延長（北24条－麻布間）し、さらに四年後に東西線が延長（白石－新さっぽろ間）、六年後の八八年には東豊線（栄町－豊水すすきの間）が開通している。

次々と路線が開通・延長したことで、市内の交通インフラは充実した。しかし、その一方で、莫大な赤字を抱えこむ原因ともなってしまい、今も課題は残されている。

▼雪国に欠かせない地下通路と地下街の発達

地下鉄の誕生とともに、札幌のまちに新しい〝街〟が誕生した。さっぽろ地下街である。きっかけは、一九六四年（昭和39）に札幌駅前通りの拡幅が決まった時に遡る。

『札幌地下街十年誌』によれば、拡幅されて距離の広がった狸小路三～四丁目間の横断歩道を、高齢者や子供が一度の青信号で渡り切れないのではないか、という不安の声が地元で上がったことに始まる。それならば、地下に連絡通路を作って安全に渡れるようにしよう、という案が出たことに端を発するという。

時を同じくして地下鉄の建設が決まったことから、これを機に地下通路も建設するべきと、一九六八年（昭和43）に「地下歩道建設期成会」を結成して、当時の建設省へ陳情を開始した。

同省の指導のもと、地下街を運営する「札幌都市開発公社」が設立され、地下鉄南北線の上にポールタウン、大通地下駐車場の上にオーロラタウンを建設する構想が形成されたのである。

そして、建設開始からわずか一年半後の七一年十二月十六日、地下鉄南北線の開通とともに地下街が開業した。さっぽろの街に、地上と地下という二つの貌が揃ったのである。さらに、二〇一一年（平成23）の札幌駅前通地下歩行空間のオープンにより、札幌駅中《なか》のJRタワーや地下街のアピアやパセオなどと、大通エリアのポールタウン、オーロラタウンが連絡した。

今や札幌の都心部は、一歩も屋外に出ずして、札幌駅から大通駅を経由してすすきの駅までを行き来できるようになった。極端にいえば、東京から飛行機で新千歳空港に降り立ち、電車で札幌駅に着いたら、駅中のJRタワーで食事をし、地下歩行空間で大通まで移動してデパートでショッピングをした後、すすきので酒を飲んで、最終便で東京へ戻ることが可能だ。寒さが厳しい季節でも、外へ出ることなく札幌の街を満喫できてしまうのだ。

こうした極めてコンパクトで快適な街は、おそらく世界中探してもどこにもないはずだ。ばい煙に煙る五十年前の街並みから、誰がこのような都市になることを想像できただろうか。

▼豪雪都市ならではのさまざまな問題と対策

一九七二年（昭和47）の札幌オリンピック開催をきっかけに、札幌の冬の淀んだ空気は一掃された。しかし、快適なまちづくりのための悩みは尽きない。

その後、札幌市民を悩ませたのは、スパイクタイヤによる粉塵である。この時代のモータリゼーションの風は道内にも巻き起こり、自家用車が倍増したことから生まれた公害であった。

道内の自動車登録台数について、一九七〇年とその五年後の七六年を比較すると、七九年の全登録数は約九万台で、そのうち自家用車は四万三〇〇〇台。一方、七六年度の全登録数は一四万五〇〇〇台で、自家用車は八万七〇〇〇台だった。

総体的な伸びも五年で約一・六倍に増大したが、それ以上に自家用車の伸びが二倍になっているのが目を引く。さらに五年後の八一年になると、自家用車の数は約一二万台と三倍近い増加がみられるのだ。

しばしば大雪に見舞われる北海道で、これほどの数の自家用車の普及を可能にしたのは、スパイクタイヤのおかげだろう。スウェーデンで開発されたというスパイクタイヤが日本で発売されたのは、一九六二年（昭和37）のことだ。それまでのスノータイヤとは違い、格段にブレーキの利きが良くなり、安全性が高まった。チェーンの着脱も不要とあって、一九七〇年代に入ると、降雪地ではほぼ100パーセントの車がスパイクタイヤを装着するようになっていた。

ところが、このスパイクタイヤが、根雪になる前や春先のアスファルト路面を激しく削り取った。都心部や幹線道路を中心にアスファルト粉塵が巻き起こり、ぜんそくなどの健康被害を引き起こしたのである。一九六〇年代の暖房による大気汚染に次ぐ、新たな公害の発生だった。

これを解決に導いたのが、スタッドレスタイヤだった。タイヤゴムの性能とタイヤ面の溝を工夫することで、文字通りスタッド（ピン）のないタイヤが誕生した。これぞイノベーションである。このタイヤの出現によって、スパイクタイヤは法規制され、粉塵問題は解決された。

これと入れ替わるように出現したのが、温暖化のためとも言われるつるつる路面である。融雪剤や砂を散布するなどの対策を講じているが、道路はともかく、歩道での年間転倒者は一向に減る気配がない。

雪まつりなどが開催される冬場は、観光客を呼びこむシーズンでもある。特に近年、来道者数が増えているアジア各国の人々にとって、鏡面と化した歩道を歩くのは、風物詩を通り越して身の危険を覚えるマイナス要素だろう。この路面問題が解決できれば、それこそが次のイノベーションとなるはずだ。

▼積もった雪の処理

最後にもうひとつ、毎冬市民を悩ませるのが、降り積もった雪のあと始末である。「風景の発見」の項でも紹介するが、一九五一年（昭和26）に公開された黒沢明監督の映画『白痴』は、冬の札幌でロケが行なわれている。その画面に映し出された、戦後間もない頃の札幌に降り積もった雪の多さには驚かされる。まるで街並みが、雪のなかに埋もれているかのようだ。

それから半世紀以上が経ったいま、札幌の中心部ではもうこのような風景を見ることはない。雪の量が極端に減ったというわけではない。毎年、一六〇億円近くもの費用を投じて道路除雪を行なっているからだ。札幌が現在のような国際都市になり得たのは、早くから排雪事業に取り組んできたからでもある。

それにしても、除雪には金がかかる。市内には随所に融雪槽を設置し、郊外の排雪場も数多く設けているが、都心の雪をそこまで運ぶだけでも莫大な費用がかかっている。せめて「都心の雪は都心で溶かす」ことができれば、経費削減に大きな効果があるはずだ。

この問題を解決するための第一歩となるシステムがある。札幌駅北口の駐車場地下にある、巨大な融雪槽の存在だ。深夜になると駐車場の一部が閉鎖され、融雪槽への投入口が開く。そこにダンプで運んだ雪を投げ込む仕組みだ。一日にダンプ約二九〇台分の雪を溶かすことが可能で、雪が解けた冷たい水は、地域のビルなどの冷房熱源として利用されているという（「札幌エネルギー供給公社」HPより）。

世界でも稀な豪雪大都市・札幌で人々が快適に過ごすために、このような創意と工夫が長年にわたって積み重ねられてきた。しかしどうあがいても、雪対策は市の財政に大きな負担を強いることは避けられない。そのためにも、雪を排除するのではなく有効利用するためのさらなるイノベーションが求められている。

5　無限の可能性を持つ、エネルギー源としての雪

北海道民にとって、雪の存在は日常生活の大きな障害である。いまなお、大雪になれば交通機関はマヒし、古い家屋は倒壊の危険にさらされ、雪崩やホワイトアウトによる事故が発生するなど、さまざまな支障が生じる。

こうした自然現象としての雪を科学的に研究し、社会や人の暮らしに与えるその影響を減らすべく、一九三九年（昭和14）に東京で設立され今日まで続くのが、研究機関「日本雪氷学会」である。

▼新たなエネルギー源としての雪の価値

「雪と氷およびその周辺環境に関する研究をすすめ、学術の振興に寄与することを目的」に設立された同学会（当初の名称は「日本雪氷協会」）は、一九五五年（昭和30）に「日本雪氷学会」に改称され、一九九三年（平成5）になって社団法人化（平成24年には公益社団法人に）された組織である。

国内には北海道、東北、関東・中部・西日本、北信越の四カ所に支部を持ち、そのなかで最も早い時期に設立されたのが北海道支部だった。一九五九年の設立だから、すでに半世紀以上の歴史を持つ。この間、雪を巡る防災科学やインフラ整備、環境対策など、数多くの研究がなされてきたことは言うまでもない。まさに、雪研究の最前線に位置するといえるだろう。

北海道支部のホームページに掲げられた設立の目的やその背景について、北海道大学名誉教授である若濱五郎氏が以下のようにつづっている。

やがて敗戦。エネルギーが極度に不足した戦後の復興期、水力発電にとって重要な山の雪は〝白い石炭〟といわれ、水資源としての山地積雪の調査が北電や北大の手で盛んに行なわれた。しかし昭和30年代、高度成長が始まると、〝街の雪〟は本道発展を阻害するものとされ、その処理と対策が急務となった。幹線道の機械除雪が本格化し、また、道路建設と路面の凍上対策が国の大きな課題となり、雪氷問題の解決なくしては本道の近代化はあり得ないとの認識が行政にも産業界にも急激に高まったのである。

（「雪氷学会北海道支部」ＨＰより）

ちなみに若濱氏は、北大の低温科学研究所で教授を務めた人物。そして、低温科学研究所は、「雪は天からの手紙である」という名言を残したことで知られる、中谷宇吉郎教授による人工雪の研究をきっかけに設立された機関である。

話を戻すと、つまるところ同支部の研究課題は、本道の発展を阻害する雪を科学的な研究によって制することにあった。そしてその研究は、「北海道大学、北海道開発局、札幌営林局、林業試験場、農業試験場、第一管区海上保安部、札幌管区気象台、北海道、札幌市、国鉄北海道支社（現・JR北海道）、電気通信局等の研究者や行政関係者、また北海道電力、札建工業、地崎組、伊藤組をはじめとする数多くの企業の積極的な協力の下に進められた」という。

インフラの発展を阻害する雪の威力に対抗するには、道内における産官学の強力な連携が不可欠である。この認識から、早くにこうしたオール北海道ともいえる態勢で研究が進められてきた。

それから半世紀を経たいま、北海道の発展、とりわけ国際都市としての札幌の発展を見れば、同学会における最大の研究課題だった、道路建設と路面凍上の問題解決は、ほぼ達成されたとみていいだろう。それは、降雪自体をとめることはできないが、ある程度の対策を講じられるまでに研究が進んだ、とも言い替えることができる。

ところがここ二十年ほどの間に、従来の「制御すべき存在」であった雪の価値が、邪魔者から北国の暮らしに役立つ存在へと変わってきた。新たなエネルギー源としての雪の利用である。

大きく進展したのは、二〇〇二年（平成14）に改正された「新エネルギー利用等の促進に関する特別措置法」において、雪氷エネルギーが新エネルギーとして位置づけられ、補助制度の対象となったことによる。現在、道内では実に七〇近くの施設や企業が、雪を使った冷房・冷蔵システムをすでに導入している。北海道支部が誕生した半世紀前には、考えられないことであろう。

前述の若濱氏の言葉を借りれば、雪はふたたび「白い石炭」としての価値を見出されつつある。石炭が黒いダイヤと呼ばれたのだから、雪の場合はさしずめ「白いダイヤ」とでも呼ぶべきだろう。それこそが、まさに雪国・北海道ならではの二一世紀的イノベーションなのだ。

▼美唄市の取り組みを支えた研究者

雪氷エネルギーの活用を早くから研究し、道内でも先進的な取り組みを行なってきた自治体がある。それが美唄市だ。年間8〜11メートルもの雪が積もる豪雪地帯である同市は、かつて炭鉱まちとして栄え、昭和三十年代のピーク時には約九万人という多くの人口を抱えた豊かなまちだった。まさに「黒いダイヤ」が、町の経済を支えていたのである。

ところが、政府のエネルギー政策の転換によって石炭から石油に主軸が移り、炭鉱は閉山に追い込まれてしまう。美唄市にとって一縷の望みは農業だった。幸いにも土地は肥沃であり、農業には向いている。以来、さまざまな作物を積極的に栽培してきたが、なかでも水稲は作付面積、収穫量とも全道第三位を誇る、まちの基幹作物に成長している。とはいえ、人口の減少に歯止めはかからず高齢化率も高い。新しい産業の創出は、美唄のまちにとって避けることのできない課題であった。

こうした背景から一九九七年（平成9）、井坂紘一郎市長（当時）の先導によって「美唄自然エネルギー研究会」が発足した。石炭という化石燃料の栄枯盛衰の荒波をまともに受けてきたからこそ、エネルギーに関する問題意識は高かったのだろう。まちの活性化と発展を視野に入れた、雪冷熱を核とする産業クラスター形成への取り組みが始まったのだ。

産官学が連携したこの取り組みで「学」の分野から関わったのが、室蘭工業大学で熱工学の研究に取り組む媚山政良氏である。媚山氏はこの時すでに、さまざまな場所で雪利用の実験を行ない、成果を挙げていた。

美唄市が研究会を立ち上げる前年には、雪熱エネルギーを利用して籾を貯蔵する沼田町の米の貯蔵施設「スノークール ライスファクトリー」が、媚山氏の協力によって完成している。ここでは冬期に1500トンもの雪を貯め込み、その冷熱を利用して貯蔵庫内を平均温度5℃、湿度70パーセントに保つことで夏期の間、籾の状態のまま低温貯蔵している。こうして貯蔵することで、水分を一定に保ちながら米の活動をいったん休止させて新米の風味を保ちながら、秋に籾摺りして「雪中米《せっちゅうまい》」のブランド名で出荷している。

この媚山氏と連携することで、「美唄自然エネルギー研究会」は次々に画期的な試みを実行に移していく。マスコミにも取り上げられるなど大きな話題を呼んだのは、一九九九年に建てられた雪冷房マンションである。

美唄市内に建設された地上六階建て二四戸が入る賃貸マンションの敷地内には、貯雪庫が建てられており、そこに冬期発生する駐車場の除排雪約100トンを蓄え、夏期まで保存。その雪解けの冷水を循環させることで冷房を行なうという、世界初の試みだった。この雪冷房によって、シーズン中の冷房電気料金は、エアコン冷房における電気料金の約3分の1で済むという。

そして同じ年、媚山氏は前出の日本雪氷学会で、「雪氷技術の発展に貴重な貢献となる研究または開発を行なった正会員あるいは正会員を含む団体」に贈られる「雪氷学会賞・技術賞」を受賞している。

▼エポックメーキングだった利雪研究

受賞の対象となったのは「雪の冷熱利用技術の開発研究」で、長い歴史をもつ同学会の過去の受賞歴を振り返っても、雪の特性研究や防災対策などは数あれど、雪を「利用」するという発想の研究が対象となったのは、媚山氏が初めてだった。そしてこれ以降、克雪、利雪に関する研究への受賞が増えていく。このように、媚山氏は雪利用に関する第一人者であり、その研究は真にエポックメーキングなものだったのである。

媚山氏と美唄市のタッグによる取り組みは、さらに続く。二〇〇〇年には、JAびばいの米穀雪零温貯蔵施設「雪蔵工房」が完成した。貯雪量は最大3万6000トンで、貯蔵できる玄米は6000トンにも上るという巨大な施設である。貯蔵室に蓄えた雪が、0℃で融ける際のエネルギーを活用することから「零温玄米貯蔵施設」と呼ばれている。

ここに導入された雪冷房のシステムを、同じ冷房能力を持つ電気冷房システムと比較すると、雪冷房のほうが年間で約六割、電力消費量で約三割少ない。これにより、倉庫の維持費は従来の

「雪蔵工房」（美唄市ホームページより）

低温倉庫に比べて約半分で済むというから、大きな経費節約につながっている。

ここで特筆したいのは、沼田町と美唄市による試みは、新エネ法が改正になる前に行なわれているという事実だ。媚山氏の先見性もさることながら、それを大胆に採用した両市のチャレンジ精神を素直に称えたい。そしてその翌年以降、雪氷冷熱を利用した農産物貯蔵庫が、道内各地に続々と誕生していったのである。

▼「雪山」という画期的なイノベーション

二十年以上にわたって媚山氏と雪利用に取り組んできた「美唄自然エネルギー研究会」に、さらなるイノベーションが起こった。もちろん、それを仕掛けたのは媚山氏である。それは、「雪山」という新たな発想である。

それまでの雪冷房は、巨大な貯雪庫を建設し、そこに雪を保存する方法を取っていた。しかし、これでは初期費用に多額の資金が必要となる。つまり、事業としては補助金なしには成り立たないものであった。

そこで、そうした初期資金を抑えて雪利用するための、新たな方法として考えられたのが「雪山」だった。これは、上物を作らずに屋外に雪を積み上げて山を作り、そこから取り出した融水で施設を冷房するという発想から生まれたものである。さらに、雪山の中にコンテナを埋設すれば、そこで農産物の保存もできるという、一見すると乱暴だが、実に効率のよい方法だった。

実は媚山氏、この「雪山」実験を沼田町でも行なっていた。屋外に積み上げた雪を、バーク材（樹皮）やもみ殻、チップで覆って断熱するだけで、夏期もほとんど雪が解けないことが実証されたのだ。こうした実験を重ねた上で、実用化に向けたプロジェクトが美唄で動き出した。

この〝雪山プロジェクト〟で画期的だったのは、雪山を作る人材を養成したことである。第一期として、二〇〇四年（平成16）十月から翌年三月までの間に、「雪山職人養成講座」と称して中小規模の雪山建造のための知識と技術を学ぶ講座を開講し、二七人が受講した。もとは研究会の会員に向けたものだったが、講座で学んだ〝雪山職人〟の誕生によって、翌年には約1000トンの雪山の築造が実現した。

なんといっても、雪山職人というネーミングが持つイメージがいい。ものづくりの現場に携わっているという、心意気や連帯感をも感じられる名称だ。これが「日本雪氷学会」の発案だったなら、さしずめ「雪山造成技術者」などとなっていたかもしれないが、小さな自治体と一研究者による実験工房的な性格ゆえに、こうした柔らかな発想が生まれたのだろう。

なにもかもが初めての試みであり、もちろん雪山づくりだってみな初心者なのだから、工夫と失敗を繰り返しながら、その場でアイデアを出しあうことで、雪山づくりのノウハウを蓄積していったに違いない。

▼サミットや新千歳空港で採用された雪冷房

そうした活動を続けるなかで、これまでの取り組みの成果を、広く世間に知らしめる出来事があった。二〇〇八年（平成20）、北海道で開催される「洞爺湖サミット」のために、世界各国の報道関係者が使用する「国際メディアセンター」が設置されることになり、その冷房システムを雪冷房で行なうことになったのだ。

同センターは、報道関係者の作業場所となる「プレスセンター棟」（鉄骨造り2階建て、床面積約7000平方メートル）と「議長・各国首脳会見場棟」（同平屋建て、約3000平方メートル）の2棟からなり、合計延べ床面積は実に約1万1000平方メートルにおよぶ。

その建設地が斜面にあることから、段差を利用してプレスセンター棟の下に幅100メートル、奥行22メートル、高さ7メートルの雪室を設置し、そこに7000トンの雪を入れて施設内を冷房するという試みであった。この施設への雪の搬入、投入、整形などを担ったのが、前出の〝雪山職人〟たちだったのである。

さらにこの時、美唄の実験で実証された「雪山桜」が、たいへん評判を呼んだことも書き添えたい。これは、雪山の中に埋設することで内部を0・5℃に保ったコンテナ内で、開花する前の桜の枝を保管し、サミットに合せて屋外に出し開花させたものだ。

サミットで雪冷房システムが採用された反響は大きく、その翌年には、新千歳空港の新ターミナルビルにおける夏期の冷房に雪冷房システムの採用が決まったのである。新千歳空港一帯の年間降雪量は2～3メートルと少ないが、冬期は滑走路の除雪のみならず、機体の翼などに付着した氷や雪を除去する作業が欠かせない。

しかし、この時に散布される防除雪氷剤や滑走路などに散布する凍結防止剤が、雪解け水となって近くの美々川に流れ込んでしまうことが問題となっていた。美々川はラムサール条約の登録湿地があるウトナイ湖へと注ぐため、環境団体や近隣自治体から苦情が寄せられていたのだ。

雪山による雪冷房システムは、こうした環境汚染の軽減にも適していた。空港の排雪を雪山にして貯蔵することで、融雪剤を自然分解させるための時間を稼ぐことができるのだ。

雪は、駐機場の横に造成された貯雪ピットに運ばれ、断熱シートで夏まで保管する。雪山の形状は、2万平方メートルもの敷地面積を持つピット内に、15メートルほどの高さに雪を積んだ巨大な四角錐台で、その全面にシートを被せたものである。

雪山に被せるシートは、厚さ5センチの発砲スチロールをポリエチレンシートで挟んだもので、これを被せるだけで雪の急速な融解を防ぐことができる。これにより貯雪ピットの底に雪が融けた2～3℃の冷たい水がゆっくりと流れ出し、濾過層でゴミを除去した後に、エネルギー棟内にある熱交換機を循環させることでターミナル内へ冷気となって供給される。そして、ターミナルビル内の熱を吸収した冷水は、11～12℃に温まった状態で貯雪ピットに回収され、再び雪山に戻すことで雪との接触によって冷水となる循環システムとなっているという。

新千歳空港の雪冷房システムは、二〇一〇年五月から稼働を始めている。その年の夏は記録的猛暑となったものの、このシステムは空港全体の冷房に必要な二割を賄うことができたそうだ。

▼雪に秘められた無限の可能性

一方、美唄市では「ホワイトデータセンター」構想が、実現に向けて着実に歩みを進めている。これは、大きな電力消費を必要とするデータセンター（各種コンピュータやデータ通信などの装置を設置・運用する施設）の冷却を、新エネルギーである雪冷房で行なうというものだ。さらに、データセンターの排熱を利用し、一年を通して農産物の栽培施設に熱供給することで、データセンターを中心とした新たなイノベーションを創出しようという試みである。

このデータセンターでは、バックアップシステムを確保するため、発電システムを施設内に持ち、発電所からの受電が何らかの理由でストップした場合に備える。この発電の熱源に、今も美唄市内で続く露天掘り（三美鉱業と北菱産業埠頭の二社）で採掘された石炭を利用することで、エネルギーの自給自足が可能になるという大規模なプロジェクトなのだ。さらにその建設地は、公募開始から三十年以上が経ったいまもがら空き状態の「そらち工業団地」が受け皿になるという、まさに一石二鳥の構想である。

雪と石炭でデータセンターにエネルギーを供給し、さらにサーバー排熱を利用して植物工場や陸上養殖といった産業を生み出す――。これが実現すれば、世界に例のないエネルギー自立型の産業構造が誕生することになる。

こうしたデータセンターは、道内各地にある工業団地用の敷地さえあれば設置が可能であり、肝心の雪も道路の排雪を利用すれば無償で確保できる。

意外に知られていないが、道内で露頭炭採掘を行なう事業者は、現在、美唄の二社を含めて七社もある。芦別鉱業（炭鉱所在地は芦別市、以下同）、空知炭礦（歌志内市・赤平市）、砂子組（三笠市）、吉住炭鉱（小平町）、札幌第一興産（栗山町）で、いずれも電力会社の火力発電需要に基づいて計画的に生産されているという。

驚くべきは、栗山市における採炭開始が、つい最近（2015年）始まったことである。道内での新たな炭鉱の開発は、実に三十八年ぶりのことであり、栗山町での石炭業復活は四十五年ぶりのことである。東日本大震災の発生以来、原発停止に伴う火力発電への依存度の高まりもあって、こうした炭鉱の再開発が促されているようだ。また、懸念される二酸化炭素の排出についても、技術革新《イノベーション》によって二酸化炭素の排出を抑えた、石炭による高効率な火力発電が可能となっている。

つまり、美唄市のホワイトデータセンターが実現すれば、他の採炭地周辺でも同様の事業が実現可能となるわけだ。さらに自家発電には、バイオマス燃料や菜種、風力発電など、石炭以外の自然エネルギーを利用することも考えられる。

現実主義者は、そう簡単に事は運ばないと笑うかもしれない。しかし、そうした挑戦からこそ、新たなイノベーションが生まれるのではないか。そのひとつとして、美唄熱研で媚山氏とともにさまざまなプロジェクトに携わってきた元伊藤組の本間弘達氏が、二〇一二年（平成24）に創業したのが「株式会社媚山商店」である。

本間氏はホワイトデータセンター事業計画にも携わっており、雪冷房の技術やノウハウを提供するとともに、雪冷房を活かした食品販売や夏期のイベントに雪を提供するなど、日本で唯一、雪を商品として取り扱う会社である。もちろん、媚山氏も会社の経営に名を連ねている。

今や雪利用は当たり前のことになっており、「雪はやっかいもの」と言われたあの時代には考えられない大きな価値転換が起きたのである。中谷博士は、「雪は天からの手紙」と言ったが、その手紙の内容は二一世紀になって大きく書き換えられた。雪は「排除」する邪魔者から、「利用」すべき有益な物に変わろうとしている。

そこには、無限の可能性が秘められているのだ。

6　風景の発見というイノベーション

▼映画が作ったかつての北海道のイメージ

北海道の代表的風景は何かと問われたら、どういった景色が思い浮かぶだろうか。

たとえば、インターネットの検索サイトで「北海道の風景」を画像検索してみると、画面に登場する写真の多くが富良野や美瑛の丘陵地帯であった。ラベンダーやポピーなど色とりどりの植物が咲き誇る畑が幾重にも広がる風景や、緑の丘陵に並び立つ白樺の風景など、いわゆる北海道らしい爽やかな景観が目を引く。

不特定多数の人々が情報を発信するインターネットの画面に数多く登場するのだから、これらの風景は北海道を代表するイメージとして求められているのだろう。

しかし、ひと昔前の北海道のイメージは、ずいぶんと違っていたはずだ。戦後間もないころに溯ってみよう。テレビが普及する以前、多くの人に北海道ならではの風景を知らしめる影響力をもっていたのは、そのころの国民的娯楽であった映画である。

終戦から六年後に公開された黒沢明監督の映画『白痴』では、雪に埋もれた札幌の街とポプラ並木や牧場の風景に、登場する主人公らの西洋的な暮らしぶりが重なり、北海道ならではの異国情緒が人々を魅了した。

その後、間もなく阿寒や摩周などを巡る道東観光ブームが起こる。その火付け役となったのは、一九五三年（昭和28）公開の映画『君の名は』であった。それに続いて、五七年公開の『挽歌』、五八年公開の『森と湖のまつり』がヒットしたことで、道東エリアの風景は全国的に知られるようになり、道内外から人々が訪れるようになったのである。

一九六三年には、森繁久弥が映画『地の涯に生きるもの』の知床ロケの撮影現場で作ったという曲「知床旅情」を、NHK紅白歌合戦で披露するや大ヒットとなった。折しもその二年後に知床が国立公園に指定されたこともあり、「知床」は観光地として注目されるようになる。人々が何を知床に求めたのか。それは、文字通り「地の涯」を思わせる寂寞として荒々しい原初的景観だったにちがいない。

このように、敗戦から二十年ほどの間に定着した北海道的風景は、「手つかず」の大自然か、あるいは札幌時計台、クラーク像など開拓使時代の洋風文化を身にまとった外国を思わせる街並みであった。

▼ディスカバージャパンと前田真三氏の発見

そうした北海道的と呼ばれた自然景観や異国を思わせる従来のイメージに、新たな視点が加わったのは、一九七〇年（昭和45）に始まった国鉄のキャンペーン「ディスカバージャパン」がきっかけだった。

このキャンペーンは、大阪万博が終わり、増発した新幹線の乗客を維持するために、電通と国鉄が仕掛けたものだった。そして、このキャッチコピーは国鉄らの思惑を超え、それまでの旅のあり方をがらりと変えたのである。気ままで身軽、行き先を決めずに自分だけの発見（ディスカバー）を求めてふらりと旅をする――そんな旅がブームとなったのだ。

そうした時代に、ひとりの写真家が北海道を訪れた。

渡道四年前の一九六七年（昭和42）、長く勤めた会社を辞め、東京でフリーのカメラマンとなったばかりの前田真三氏である。当時四十九歳だった前田氏は、日本の風景を撮ろうとこの年の4月、車での日本縦断撮影旅行を思い立ち、九州南端の佐多岬から北海道の宗谷岬まで一人旅に出たのである。

各地で写真を撮影しながらの旅はのんびりしたもので、宗谷にたどり着いたのは七月のことだった。運命の出会いはその帰路に起こる。旭川から富良野に至る国道235号の美馬牛峠付近の丘にさしかかったとき、周囲の美しい風景に目をひかれ前田氏は車を停めた。

「初めて見る雄大な丘の風景に私は見とれていた。ふと振り返った時、馬の背のようななだらかな丘の上に連なる一条のカラ松林を見た。それは、大地と見事に調和した感動的な光景であった」（『前田真三写真集 拓真館物語』〔講談社、一九九三年〕）。

このカラ松林を見た瞬間から、彼の旅は別の意味合いを帯びていく。毎年、丘の上のカラ松林を撮影するために、この地へ通い続けたのである。それは実に十六年も続き、一九八七年（昭和62）には丘の先にある美瑛町の小学校跡地に、撮りためた美瑛の風景写真を展示するための写真館を作ってしまった。

それが、現在年間三十万人を超える人々が来場するという「拓真館」である。つまり、北海道の風景としていまや世界に発信される美瑛の丘は、前田氏の「発見（ディスカバリー）」から始まったのである。

この風景の価値は、前田真三氏による独自の視点がなければ、見えてこないものであった。この地に生きるものにとっては、あまりにありふれた光景だからだ。さらにいえば、この発見がプロのカメラマンによるものでなかったなら、今日のように〝美瑛の丘〟は人口に膾炙したものにはなっていなかっただろう。作品を多くの人に見てもらうことこそ、カメラマンの本望だからである。

▼観光客に発見された農産物・ラベンダー

美瑛と似たようなことが、この丘から16キロメートルほど離れた中富良野町でラベンダーを栽培する富田ファームでも起きた。前田氏の「発見」から遅れること約十年、一九七六年（昭和51）初夏のことである。

もともと稲作地帯だった富良野で、ラベンダー栽培が始められたのは一九四八年のことである。当時、香料用オイルの原料とされたラベンダーは、多くの農家によって栽培され、生産量は七〇年にピークを迎えた。しかし以降は、合成香料や安価な輸入香料の台頭により、香料会社との取引高が激減してしまう。

近隣の農家が次々と別の作物に切り替えるなかで、富田家もついに栽培をやめる決意を固める。そして、最後のラベンダーの花が開花しはじめたころだった。どういうわけか、それを見にくる見学者やカメラマンが急増したのだ。きっかけは、「ディスカバージャパン」キャンペーンを続ける国鉄のカレンダーに、富田ファームのラベンダー畑の写真が採用されたことだった。

これを契機に、富田ファームはラベンダー栽培を継続し、刈り取った花はドライフラワーやポプリなどさまざまなアイテムとして商品化していく。第一次産業として栽培されてきたラベンダーが、観光産業の目玉として新たな価値を持ったのだ。

現在の富田ファームは、カフェやショップを併設する一大観光地となり、拓真館同様にこの地

北海道のラベンダー畑(「冨田ファーム」の写真ではありません)

域の重要な観光スポットとなっている。

▼世界的カメラマンが発見した北海道

さらに「北海道の発見」は、世界的カメラマンによっても行なわれた。

マイケル・ケンナというイギリス人カメラマンがいる。世界各地でモノクロを中心とした幻想的な風景写真を撮り、フランスの芸術文化勲章「シュヴァリエ」を受勲するなど国際的に高く評価されるカメラマンだ。

彼の作品集に、その名も『ＨＯＫＫＡＩＤＯ』と名付けられた一冊がある。世界各地を撮影してまわるケンナが、二〇〇二年に初めて北海道を訪れて以来、撮り続けた北海道の風景をまとめたものである。そのなかに、とりわけ話題を呼んだ一枚がある。

そこには、風雪に耐えるかのように立つミズナラの老木が写っている。

このミズナラは、初めて行った撮影旅行で屈斜路湖畔に泊まった翌朝、湖の周囲を車で走っていて偶然見つけたという。「あの樹の存在によって、自分と北海道の結びつきが強まりました」とのちにインタビューで答えているように、彼が北海道へ通うきっかけとなる風景だった（「北海道の地域情報を発信するポータルサイト・北海道人」ＨＰのインタビューより）。

美瑛の丘の色彩とは違った、むしろ真逆ともいえる墨絵のような静寂に満ちた風景を、彼は北海道で「発見」した。そして、それは多くの人々を魅了することとなり、先のミズナラは、写真愛好家の間で「ケンナの木」と呼ばれ、風景とともに広く知られるようになったのである。

残念なことに二〇〇九年（平成21）八月、倒木の恐れがあるとしてこの地域を管理する団体が、ケンナの木であることを知らずに伐採してしまった。この出来事は、道内地方紙や全国紙道内版のみならず、「東京新聞」でも記事になるほどの大きな波紋を投げかけた。

彼らの「発見」は、発見者にとってのイノベーションでありながら、同時に従来の北海道が持つイメージに新たな視点を加えることとなった。そしてその発見は、図らずも北海道に多くの人々を呼び込む牽引力となったのである。

そしていま、新たな風景発見の可能性は無限に広がったのではないか。ＳＮＳによってひとりの「発見」が、瞬時に世界に広まる時代になったのだ。北海道の大地に秘められた多くの魅力と可能性は、今も発見される日を待っている。

7　スイーツ王国への道

▼スイーツ王国・北海道の誕生

北海道がスイーツ王国と呼ばれるようになったのは、いつ頃のことだったろうか。

過去の『現代用語の基礎知識』をさかのぼって調べてみると、二〇〇三年（平成15）に「スイーツ」という言葉が登場している。おそらく、首都圏向けの情報誌や女性誌でスイーツ特集が組まれ、それが全国に波及したのだろう。つまり、〝北海道スイーツ王国〟なるフレーズが現れるのは、それ以降のことになる。

菓子の材料に欠かせない乳製品や小豆、小麦などの一大産地であることが、北海道＝スイーツ王国というイメージを支えていることは間違いない。しかし、考えてみれば、「北海道のスイーツ」とは、具体的にどういった菓子のことを指しているのだろうか。

これは、ティラミスやクリームブリュレなど、ある時期に流行した洋菓子の発祥地という意味ではなく、おそらく北海道で作られる「みやげ菓子」のことを指している。日本最大の乗客数を誇る東京―札幌間というドル箱路線を擁する新千歳空港を筆頭に、デパートや土産物店で観光客や出張族が買い求めるみやげ菓子のレベルの高さ、多様さが、王国と評されたのである。

そこには、前述したように和洋菓子を作るのに欠かせない原材料の供給地、すなわち農業王国、酪農王国という大地の恵みを生かしたイメージが、大きな影響力を示している。もちろん牛乳も小麦も、北海道だけでなく国内各地で生産されている。しかし、それでも道産の菓子というだけで、大きな付加価値がつく。北海道が持つブランド力は、日本最強といえるのだ。

とはいえ、肝心の菓子の味わいが評価されなければ、「スイーツ王国」もここまで名を馳せなかったはずだ。道内菓子メーカーによる創意工夫、切磋琢磨があればこそ、高いレベルの評価を受けるスイーツを提供し続け、〝王国〟の名をここまで守ってこられたに違いない。

本項では、そうした北海道を代表する菓子メーカー三社を取り上げ、「スイーツ王国」を牽引してきた三者三様の挑戦と変革の歩みを辿りながら、王国が挑んできたイノベーションの道を探りたい。

▼風土や歴史をテーマにした、マルセイバターサンドの六花亭

六花亭の淵源は万延元年(1860年)、幕末の箱館で創業した「千秋庵」にまでさかのぼる。秋田藩の下級武士だった佐々木吉兵衛が、開港で賑わう箱館で食べ物や甘味を立ち売りしたことがそもそもの始まりだという。

その後、店を大きく発展させたのは、東京で〝お菓子の神様〟の異名をとった松田咲太郎である。千秋庵の三代目に東京で菓子作りを教えた人物で、函館を訪れていた際、関東大震災の発生により東京が壊滅状態に陥ったことから、そのまま函館に留まり、のちに四代目を継いだ。

一九二一年（大正10）には、小樽店の職長だった岡部武二が独立し、のれん分けで札幌に札幌千秋庵を開業。一九三三年（昭和8）には、武二のもとで修業を終えた弟の勇吉が帯広千秋庵を開業することになり、入れ替わりに札幌へ菓子修業に来たのが、武二の甥にあたる小田豊四郎（武二の義姉の息子）だった。

一九五七年になって経営難に陥った帯広千秋庵の経営を、勇吉に替わって継いだ豊四郎は、十勝の歴史や文化に根ざしたネーミングを冠したオリジナル商品を次々と考案し、地元菓子店の中でめきめきと頭角を現していく。

戦時体制下の価格統制令が実施される直前、取引先の社長からの進言で砂糖を大量に仕入れていたことが功を奏し、帯広千秋庵は太平洋戦争の物資不足を乗り切る。さらに戦後も、蜂蜜や牛乳、卵など入手可能な材料で商品を開発し、甘いものに飢えていた人々がこぞって買い求めたことから、新商品は飛ぶように売れたという。

豊四郎に大きな転機が訪れるのは一九六八年、五十二歳の時だった。日本初となるホワイトチョコレートの製造・販売を実現したのである。

きっかけは、視察旅行で訪れた欧米で目にしたチョコレート文化であった。小さな店にもチョコレート工場があるのを見て、「いずれ日本にもチョコレートの時代がくるはず」と確信した豊四郎は帰国後、工場の一角にチョコレート製造の機械を設置。地元、十勝の牛乳を使ったホワイトチョコレートを製品化した。

とはいえ、当初は帯広地域でのみの販売の上、これまでのチョコレートのイメージとはかけ離れた商品のため、初めはまったく売れなかった。それが突如、飛ぶように売れるようになったのである。

それは、当時の国鉄が打った「ディスカバージャパン」キャンペーンの影響であった（「風景の発見」の項参照）。多くの観光客が北海道を訪れるなかで、旧国鉄広尾線の「愛国」駅と「幸福」駅の存在が一躍脚光を浴び、十勝エリアに全国各地から旅行者が殺到したのである。

そうした旅行者の間で口コミによって広まったのが、帯広千秋庵のホワイトチョコレートであった。この時期、まさに富良野のラベンダーなどと同じく、北海道の持つ魅力が多くの日本人に再発見されていく。

この人気に乗じ、豊四郎は販路を帯広以外にも広げようと考えた。しかし、本家ともいえる札幌千秋庵の方針は、一地域一店主義であった。のれん分けで独立した弟子たちが、お互いの商圏を侵すような商品展開を、固く禁じていたのである。

こうしたなか、ますますホワイトチョコの人気は高まり、ついには類似商品が出回るようになっていた。この事態に危機感を抱いた豊四郎は、苦肉の策として別会社を設立し、空港での販売を始める。

このことによって帯広千秋庵は、札幌千秋庵から商圏侵害と指弾されてしまう事態となった。そこで武四郎はのれんを返上し、一九七七年五月、新たに「六花亭」ブランドで再スタートを切ったのである。

この二度目の創業ともいえる六花亭での再出発は、豊四郎の「人生」にとっても大きなイノベーションであった。それまで歩んできたチェーン的な経営の枠組みから、脱皮したのである。

このように、本家である札幌千秋庵と袂を分かつきっかけとなったホワイトチョコレートの大ブームだったが、そのころにはすでにオリジナル性が失われていた。しかし幸運なことに、六花亭として独立した同時期にのちにロングセラーとなる商品を生み出していたのである。

それが、十勝の開拓者である依田勉三がかつて商品化したバターの名とパッケージデザインを取り入れた「マルセイバターサンド」だった。この商品は発売から四十年を経た今なお、六花亭における総売上額の実に四割を占めるという。このヒットにより六花亭の名は道内で広く認知されるようになり、その後の大きな発展につながっていく。

六花亭の強みは、大きく分けてふたつある。ひとつは地元帯広の風土や歴史を、商品のテーマに据えていることだ。そうした北海道、とりわけ十勝エリアへのこだわりは、商品名やデザインにもことごとく反映されており、その結果、消費者にもそのコンセプトは深く浸透している。

その一方で、菓子に使う材料に十勝産、道内産のこだわりはない。商品のコンセプトは、たしかに十勝や帯広をテーマとする。だからと言って、「地産地消にこだわりすぎて、製品の『おいしさ』をないがしろにしては本末転倒」とし、「残念ながら、今のところ、私どものお菓子に道産小麦の出番はありません」と表明したのである（二〇〇七年五月十六日『北海道新聞』夕刊広告「社長の思い」より）。

この記事が出た当初は、道産農家から困惑の声も上がっていたようだ。しかし、六花亭の言い分は、至極当然のことのように思える。地産地消、北海道産をむやみにありがたがる風潮は、生産者と製造加工業者の向上心を止める恐れもある。品質に妥協してしまえば、北海道ブランドはいつか信用を失うだろう。

六花亭のイノベーションとは、道内菓子メーカーにありがちな北海道ブランドのイメージに寄り掛かった姿勢に対して、リスクを覚悟した上で自社の考え方を明らかにした点にある。言わなくてもよいことを、あえて言ったわけだ。

しかし、それが六花亭のブランド力を損なったかというと、そんなことはなかった。むしろ、そうした菓子作りへの姿勢を明確にしたことで、企業イメージは大きく向上した。今や「マルセイバターサンド」の六花亭ではなく、六花亭の「マルセイバターサンド」となったのである。

▼北海道土産菓子の火つけ役、白い恋人の石屋製菓

北海道土産菓子の火つけ役といえば、石屋製菓の「白い恋人」であろう。一九七六（昭和51）

年十二月の発売開始以来、北海道みやげとして今なお不動の地位を守り続けている。帯広で六花亭ブランドが誕生する一年前のことで、ホワイトチョコレートが全国で大ブームになっていた時期にあたる。

そもそも石屋製菓は、札幌ででんぷん工場を営んでいた石水幸安が、一九四七年に創業した飴や駄菓子を製造販売する「石水製菓」が前身である。前項の六花亭（旧帯広千秋庵）と同様に、戦後すぐのことだったことから甘い菓子は飛ぶように売れたという。

まちの駄菓子屋として地域に根付いた「石水製菓」の経営に翳りが見えはじめたのは、一九六〇年代に入ってからのことである。大手菓子メーカーによる安価で手軽なスナック菓子が、大量生産されて広く流通するようになったからだ。

二代目を継いだ息子の石水勲氏は、こうした状況に対応するべく、思い切って駄菓子製造から洋菓子製造へと業態を大きくシフトする。こうして生まれたのが、「白い恋人」なのである。

成功の鍵は、全国にその存在を知らしめるために石水氏が商品に付加価値を与えた、巧みなブランディング力に依るところが大きい。

まず、「白い恋人」という商品名自体、相当なインパクトを持つ。石水氏自身の発した言葉から生まれたとされるが、この言葉自体は札幌で育った人間にはなじみ深いものだ。イージーリスニングが流行した七〇年代、スキー場で絶えず流れ続けていた曲がポール・モーリア楽団の「白い恋人たち」だった。

原曲は一九六八年（昭和43）にフランスのグルノーブルで開催された冬季オリンピックの、記録映画の主題歌として作られたもの。この映画は日本でも公開されており、当時人気だった歌手のザ・ピーナッツがこの曲に日本語詞をつけて歌っている。

「白い恋人」が発売された年は、奇しくもオーストリアのインスブルック冬季オリンピックが開催された年でもあった。そうしたムードのなかで、「白い恋人」という商品名は、その四年前に開催された札幌オリンピックの熱狂を思い出させるイコンとして、人々に歓迎されたのではないか。そして、パッケージに描かれた雪山や雪の結晶のデザインが、さらにそうしたイメージを膨らませたに違いない。

もうひとつ、商品の認知度が高まった理由に、ＡＮＡの機内食に採用されたことがある。広告宣伝費をかけずに、多数の人々に試食してもらう大きなチャンスを得たのである。こうして「白い恋人」は、北海道を代表するみやげ菓子としての地位を確立していったのである。

ところが二〇〇七年（平成19）、賞味期限改ざんが発覚し、残念なことに代表の石水勲氏は引責辞任に追い込まれた。倒産の危機も囁かれるなか、取引銀行から社長を招き、経営陣を一新して消費者の苦情などに対応する窓口を開設し、情報を逐次開示するなどの素早い対応を行なうことで、社長辞任からわずか三カ月で業務再開を果たしている。

現在、石水勲氏の長男である創氏が社長を務めるが、東京でオリジナル商品を取り揃える新しいスタイルの店舗を出店するなど、「北海道ブランド」を武器に目覚ましい躍進を遂げてきた。

石水勲氏の言葉に、「夢を運ぶお菓子を作っている」というものがある。

このコンセプトを別の形で体現したのが、石屋製菓が運営するお菓子のテーマパーク「白い恋人パーク」である。アメリカのペンシルバニア州にあるチョコレートメーカーが作った「ハーシーパーク」のように、チョコレート工場を中心に遊園地が作られ、園内にはホテルが建ち、図書館や大学もある――。そんな地域を巻き込んだ学園都市ならぬスイーツ都市の創造を目指す。

現在、白い恋人パークには、スポンサーを務める地元プロサッカーチーム「コンサドーレ札幌」のサッカー場が併設されている。同パークの年間来場者も、二〇一五年（平成27）に七〇万人を突破しており、着実に地元に浸透しているほか、道外からの来訪者も少なくない。菓子をテーマに、北海道の観光振興にイノベーションを起こそうとする石屋製菓。これからが、勲氏の後を継いで会社を担う長男・創氏の手腕のみせどころだろう。

▼北海道土産菓子の高級版、夕張メロンピュアゼリーのホリ・北菓楼

ホリ・北菓楼の本社がある砂川市は、かつて炭鉱の町として栄えた。この町で一九四七年（昭和22）から、せんべいなどの菓子を製造販売する堀製菓（堀貞雄氏経営）が、今や全国にその名を知られる菓子メーカー「ホリ」「北菓楼」の前身となった。

砂川のまちは、三井砂川炭鉱を抱える上砂川町の母町として栄え、かつては炭鉱関係者で賑わった。戦後に開業した堀製菓の煎餅は、地元で「堀せんべい」と呼ばれ、炭鉱労働者や地元の

人々に親しまれたという。

しかし一九七〇年代以降、石炭産業が斜陽化したことで、まちから往時のにぎわいは消えた。さらにこの頃から、戦後に普及した南部せんべいに代表されるような小麦粉菓子は、大手メーカーが製造・販売する安価なスナック菓子にとってかわられていく。

個人経営の小さな菓子店は、この時期にその多くが姿を消していった。堀製菓も、すでに三人の息子はそれぞれ独立しており、普通であればここで店を畳むところであった。しかし、東京で薬剤師をしていた二男の均氏と、仙台で製薬会社に勤める三男の昭氏が、家業を守るべく故郷の砂川に戻り、跡を継いだのである。

昭氏曰く、「父が守った会社を潰してしまうのはもったいない」（2017年10月5日放送、テレビ東京『カンブリア宮殿』より）というのがその理由だった。

それは一九八一年のことだったが、砂川のまちはすでに過疎化が進んでいた。家族の絆という一語で帰郷の理由を説明するには、相当に勇気と決意のいることであろう。しかも業態を変えるのではなく、まずは父の指導を受けながら、せんべいや餅などの菓子製造からはじめたというから、その腰を据えた取り組み方には二人の真摯な姿勢がうかがえる。

とはいえ、新たな看板商品を開発しなければ、店の経営維持は困難な状況であった。そこで、社名を「ホリ」に改称し、新しい時代に対応する商品開発を模索しはじめた。

そこで行き当たったのが「夕張メロン」である。北海道ブランドの先駆けともいえる高級果物の夕張メロンを材料に使った、これまでにないゼリーを作ってはどうだろう——。この日から二人の試行錯誤がはじまった。

ちなみに夕張メロンもまた、経営逼迫した夕張の農家が苦労を重ねて開発した「オンリーワン」の特産物である。農水省の海外輸出促進品目に選ばれるまでになっており、ブランドを守るために商標登録もされている。それだけに階級や品質の管理はひじょうに厳しく行なわれており、夕張メロンを名乗るためには厳しい審査をクリアしなければならない。

その審査は箱単位で実施され、その中に一玉でも規格外品があれば、ひと箱すべてが排除される仕組みをとる。そのため、個選品や規格外商品がどうしても出てしまう。ところが、商品として流通できなかったそうした夕張産のメロンを、ブランド力を保ったまま有効活用する方法はまだ考えられていなかったのである。

厳格なブランドイメージがあるだけに、大手メーカーもなかなか手をつけづらかったというのが正直なところではないだろうか。そして、この誰も手をつけていない部分に、堀兄弟が果敢にもチャレンジしたことが、のちの大きな成功を生み出すきっかけとなった。

何度も試作品を作っては夕張市農協や地元の生産者に試食を繰り返してもらったことで、ついに農協から製造許可がおりる。こうして一九八七年（昭和62）に発売したのが、のちにホリの主力商品となった「夕張メロンピュアゼリー」である。

この商品のすごさは、季節限定の味である夕張メロンの味わいを、一年を通して手軽に楽しめる点にある。発売初年には一〇万個を出荷し、前出の石屋製菓同様に日本航空の機内菓子に採用されたことで、全国的にその名が知られるようになっていく。その結果、今では年間一〇〇〇万個を出荷する大ヒット商品に成長したのである。

そして、この商品が会社の屋台骨となったことで、別会社「北菓楼」を創設。原点ともいえる菓子作りに回帰し、和洋菓子を扱う新ブランドとして次々にヒット商品を生み出している。

▼定番商品を技術革新、南部せんべいのタケダ製菓

これまでに紹介した石屋製菓と北菓楼は、戦後に菓子製造を手掛けた家業がその原点となった。いずれも、のちに洋菓子に製品をシフトするイノベーションによって、今日の発展へとつなげてきた。

最後に紹介するのは、一九六四年（昭和39）の創業時から現在まで、変わらず南部せんべいを作りつづける、札幌市北区のタケダ製菓である。団塊世代を含む上の世代の道民ならば、子どもの頃の菓子といえば、南部せんべいを思い出す人も多いのではなかろうか。一般には黒ゴマ入りとピーナッツ入りの二種類があり、ぱりぱりとした軽い食感が魅力の小麦粉菓子である。

そもそも南部せんべいは、その名の通りに八戸南部氏が藩主だった旧八戸藩地域（岩手県北上市から青森県下北半島）に伝わった非常食がルーツといわれている。バターや生クリームなどの乳製品が手に入らなかった戦後間もない頃、安価で手軽に食べられる小麦粉菓子として重宝され、

せんべいを焼く鋳型の普及とともに、北海道にも広まっていったようだ。

タケダ製菓の創業者・武田良夫氏は、妻の実家が倶知安で南部せんべいを製造する菓子屋を営んでいたことから、そこで技術を学び札幌で独立した。せんべいといえば、全国的にはもち米の醤油せんべいが一般的だが、小麦の生産地である北海道は、南部せんべいが身近な菓子だった。

このせんべいは製造工程が比較的単純であることから、道内にもかつて多くの南部せんべい屋があったという。タケダ製菓が創業した昭和三十九年時点でも、札幌市内には二〇以上の南部せんべい屋があったというから、それだけ需要もあったのだろう。

しかし、今では数軒しか残っておらず、ほとんどが業態を変えたか廃業したことになる。前出のホリも、前身となった堀製菓で製造していたのは甘いせんべいだったというから、南部せんべいのような小麦粉を使う焼菓子であったに違いない。

と、ここまでの話だとタケダ製菓は、イノベーションとはあまり縁のない企業に思えるかもしれない。しかし、この企業にも大きな変革があった。二代目社長である武田晃和氏の代になってから、原材料を輸入小麦粉から、北海道産の小麦粉に切り替えたのだ。

六花亭のように、自社商品の味わいを維持するには、道産小麦は向かないというメーカーも当然あるだろう。一方、タケダ製菓のように道産食材にこだわるメーカーもある。そのために、数種類の道産小麦粉をブレンドし、望み通りの配合になるまで何度も試作し、完成まで数カ月をかけたというから、あくまでも道産食材を使った高い品質の南部せんべいを目指したのである。

こうしてタケダ製菓の商品は、昔ながらのおやつとしての位置を保ちながら、人知れず独自の品質改良、向上に努力を傾けてきた。そうした技術力と道産素材にこだわる商品が、中国やタイなど北海道ブランドに魅力を感じるアジアマーケットに受け入れられ、海外展開も始まっている。

子ども向けの安全でおいしい菓子として、今なおニーズが高い「南部せんべい」。それを約半世紀にわたり作り続けてきたタケダ製菓は、ベースの商品を変えず、シンプルな商品展開のなかで中味のイノベーションを続けてきた。そのことが、かえってほかにはない個性となったのだ。

▼道産小麦粉製品をオーダーメイドで提供する江別製粉

タケダ製菓の原料改革は、自社向けにブレンドされた道産小麦粉を入手できたことにある。こうしたオーダーメイドの小麦粉を提供するのが、江別市の「江別製粉」である。

一九四八年（昭和23）に江別市で創業した江別製粉は、一九八八年（平成元）から道産小麦を100パーセント使う小麦粉製品の開発に取り組んできた。これまでの最大の功績は、ラーメン用に開発された「ハルユタカ」をパン用小麦粉として売り出したことだろう。

それまで製パン用の小麦粉は、輸入小麦を製粉したものしか市場に出回っていなかった。一方、国産小麦粉はパンに適さないとして、うどんなどに使われるだけにとどまっていた。そんな中で売り出したハルユタカは、国産でもおいしいパンが焼ける小麦として口コミで需要が広がり、品切れが続出する大ヒット商品になった。

ところが、ハルユタカは栽培が非常に難しい品種で、安定した収穫が望めないことから、農家が栽培を敬遠するようになり、やがて「幻の小麦」になってしまう。せっかくよい食味を持つハルユタカを、幻のまま終わらせるのはあまりに惜しいと、江別製粉は小麦農家、さらに研究機関と合同して「江別麦の会」を発足させる。

その後、安定栽培を目指して研究を重ねた結果、春まき小麦であるハルユタカを、雪が積もる前に種をまく「初冬まき栽培」を行なうことで、安定した収穫量と品質を確保できるようになったのである。

こうして、「平成二十六年（2014）には江別市内89戸が約341ヘクタールで生産し、収穫量は約1356トン、そのすべてが一等（最上質）」（金間大介編著『食品産業のイノベーションモデル』〔創成社、2016年〕より）という成果を上げたのである。

こうした活動を通じて、地元の農家やパン職人らと連携を深めた江別製粉は、「F－ship」と名づけられた小型の製粉プラントを独自に開発する。これは、複数種の小麦粉をオーダーメイドで配合できる小規模需要家向けの設備で、このプラントの誕生により、従来は対応できなかった地元の個人店などにも、ニーズに合わせたプライベートブランドの小麦粉を供給できるようになったのである。

前出のタケダ製菓で使う独自ブレンドの小麦粉も、この江別製粉との共同で開発されたもので、これからあるべき地産地消のあり方の好例といえるだろう。

8　北海道の酒

▼盛衰を繰り返した北海道の酒造業

北海道で酒が造られた記録は意外に古く、天和年間（1681～1683年）に越後（現在の新潟県）の関川郷から来道した関川與三衛門という人物が、ニシン漁で栄えた道南の江差姥神で酒造店を営んだことがわかっている。記録に残っておらずとも、人の住むところには必ず酒がついてまわるもので、これよりもっと以前に松前城下などで造られていても不思議でない。

北海道での厳しい暮らしのなかで酒は、疲れを癒し、憂さを晴らし、体を暖める重要なファクターだったに違いない。そのうえ、独自の酒文化を持たなかったアイヌ民族を懐柔し、支配する手立てとして、和人がしばしば酒を用いたことも知られている。アイヌの人々にとっては、忌まわしい過去であろう。

その後、酒造業が北海道で興隆するようになったのは、開拓使が設置されてからのことだ。炭鉱の開発と石炭を運ぶための鉄路が誕生したことで、まちができ、人口が増えていくのに歩を合わせて、酒の需要も急速に高まっていく。

加藤良巳『北海道の酒造家と酒造史資料』（サッポロ堂書店、二〇一五年）によれば、早くも一九一〇年（明治43）には、道内に一七五軒もの酒造家があったという。しかし、酒造家といってもその大半は小売業で、開業してはすぐに廃業することの繰り返しだったという。

大正時代になると新規参入する業者は減り、酒造家の規模が大きくなっていくが、昭和に入って酒造組合の自主規制による生産統制が敷かれ、増産の勢いはストップする。さらに、太平洋戦争下の一九四三年（昭和18）には、戦時統制経済下の企業整備令により、道内に八八社九八工場があった酒造業が一七社三二工場に縮減されてしまう。

戦後は復活措置が取られ、三二社が新たに誕生したが、昭和三十年代になるとビールなど他の酒類にシェアを奪われ、清酒会社の経営状況は悪化。昭和三十五年には公定価格が撤廃され、企業競争の時代を迎えて、各社は経営の合理化を推し進めていく。

さらに一九七一年（昭和46）には、ウイスキーなど全酒類の輸入が自由化され、日本酒の消費量はさらに減少していく。そうした消費動向の激変により、北海道の酒造業界でも企業統合や淘汰が加速したのである。

その時代から今も続く清酒会社は、倶知安町の「二世古酒造」、小樽市の「田中酒造」、札幌市の「日本清酒」、新十津川町の「金滴酒造」、増毛町の「国稀酒造」、栗山町の「小林酒造」、旭川市の「男山」「高砂酒造」「合同酒精」、釧路市の「福司酒造」、根室市の「碓氷勝三郎商店」の一一社が残るのみである。もっとも歴史の浅い、昭和三年創業の日本清酒を除き、みな一〇〇年企業である。

近年は、蔵元直送によるブランド化が進み、道産の日本酒は全国にコアなファンを獲得してきた。そんななか、道内では戦後初となる新たな酒蔵が、二〇一七年（平成29）五月に上川町で誕生した「上川大雪酒造」である。この新しい酒造家の登場は、国内の清酒業界においても大きな話題を呼んだ。

そもそも日本酒の「酒造免許」を新規に取得することは、とても難しいとされる。その理由として明治以降、国にとって酒税が重要な財政収入だったことが挙げられる。明治中頃において、税収全体に占める酒税の割合は三割強もあった。これは、土地に課税する「地租」（現在の固定資産税）とほぼ同等の割合だったというから、その重要性がわかる。

ちなみに、二〇一六年度における酒税の総額は、国税収入の二・二％にあたる約1・32兆円となっており、景気の影響をあまり受けない酒税は、いまも安定した国家の収入源となっているのだ。

そのため、酒類製造は免許対象となっており、免許を取得せずに酒類を製造することは、処罰の対象となる。さらに、免許を取得するためには、一定の設備が必要となるほか、定められた最低製造量があるなど、厳しい基準をクリアし、審査をパスしなければならない。それゆえに、個人で酒類製造免許を得ることは、ほとんど不可能といわれてきた。

そうした清酒業界の常識を考えると、上川大雪酒造の創業はまさにイノベーションといえる。そこに至るまでには、いくつかのチャンスと偶然が重なったこともあったが、その呼び水となったのは、北海道で巻き起こったガーデニングブームだった

▼新たな酒蔵を生んだガーデニングブーム

そもそもガーデニングブームは、一九九〇年代後半に園芸専門誌「BISE（ビズ）」が、イングリッシュガーデンを紹介したことで広まった「ガーデニング」という概念に始まる。これは、イギリス式庭園の手法を取り入れた園芸のことで、一九九七年（平成9）には流行語大賞のトップ10にも選出されている。

それまで北海道では、本書でも取り上げた富良野のラベンダー畑が人気を博していた。ところが、その美しい風景を撮影するために、無断で畑や私有地に入り込む観光客が後を絶たず、トラブルが絶えなかった。そうした状況のなかで、ガーデニングという構想は、北海道ならではの景観と地元のくらしのバランスをとるためには、最適でもあったのかもしれない。

二〇〇〇年には、道内初の本格的な観光ガーデンとなる帯広市の「紫竹ガーデン」が開園。以降、旭川市「上野ファーム」、由仁町「ゆにガーデン」、札幌市「国営滝野すずらん丘陵公園カントリーガーデン」、恵庭市「エコロジーテーマガーデンえこりん村」、中札内村「六花（ろっか）の森」などが、道内各地に続々と造られていった。

二〇〇五年には、「北海道を美しい庭園の島にしよう」を合言葉にNPO法人「ガーデンアイランド北海道」が設立され、道民運動として花をテーマにしたイベントなどの開催を目指した。そうしたガーデンムーブメントのなか、十勝毎日新聞社の子会社「らんらんファーム」が二〇〇八年、清水町に「十勝千年の森」をオープンさせたのである。

ところが、想定した入場者数に達しなかった（「北海道ガーデンツーリズム推進事業報告書」〔二〇一四年三月・国土交通省北海道運輸局〕）ことから、旭川の上野ファームなど他のガーデンと連動する構想が生まれたという。

上野ファームは、倉本聡脚本のテレビドラマ「風のガーデン」に登場した庭園の設計者、上野砂由紀氏が運営するガーデンである。テレビ放送の効果などから全国に一躍その名が知られるようになり、オープン半年で二〇万人が訪れる人気スポットとなっていた。

こうして、ガーデニングによって生み出された〝ガーデン〟という共通テーマで結ばれた、十勝「十勝千年の森」、富良野「風のガーデン」、旭川「上野ファーム」の三施設により、「北海道ガーデン街道協議会」が設立された。

その後、十勝ヒルズ（幕別）、紫竹ガーデン（帯広）、真鍋庭園（帯広）、六花の森（帯広）が加わり、二〇一二年には十勝千年の森で「北海道ガーデンショー」が開催されるなど、街道というキーワードで結ぶ〝ガーデンツーリズム〟の振興に大きな役割を果たしていく。

こうした流れのなかで誕生したのが、上川町にガーデンを造ろうという「大雪　雪の森ガーデン」構想である。佐藤芳治町長は、「人口は減って行くけれども、小さくても価値のある豊かな町づくり」を目指していた。

ガーデンは二〇一三年のオープンを目指して準備が進められ、増毛町出身のフレンチシェフ・三國清三氏のレストランも併設されることになった。その運営を担うために設立された会社「三國プランニング」で、副社長（当時）を務めたのが、札幌出身で元証券マンの塚原敏夫氏である。この人物が、のちに上川大雪酒造を立ち上げることになっていく。

▼上川大雪酒造、酒造免許取得までの道のり

塚原氏が上川大雪酒造の誕生に携わることになったのは、偶然の出会いによるという。ある日、名古屋で開催された北海道物産展での仕事の折、会場を訪れた三重県に住む知人から、代々酒造りを営む実家が廃業すると聞かされる。

この時、たまたま会場に貼られていた大雪山が写る風景写真を見て、その知人はつぶやいた。「こんなところで日本酒を造ったら、すごいのができるのになあ」。この言葉を聞いた瞬間に塚原氏は、その酒蔵を譲り受け、故郷の北海道に新しい酒蔵を造ろうと思い立つ。それを可能にする水、米、気候、土地――それらすべてが、上川には揃っていたからだという。

しかし、前述したように日本酒醸造への新規参入は難しく、まして三重県から北海道に酒蔵を移転させるというのは、前代未聞のことであった。しかし、塚原氏の決意は強く、この難事業に

挑むこととなった。

当面の大きな課題は、資金の調達である。通常であれば地域創生事業でもあるため、国や自治体からの助成金や補助金をまずは考えるところだろう。しかし塚原氏は、上川大雪酒造の設立に際して、クラウドファンディングと、大手企業からの出資と事業参画によって、資金のすべてを賄ったのである。

「実は、そこが地方創生ビジネスの大きなカギだと思います。地方創生を成功させる秘訣の一つは、補助金や助成金をあてにしないことです。僕が1円もないところから初めて成功させれば、地方創生ビジネスの手本、ショールームに成り得る」(「日刊ゲンダイDIGITAL」二〇一七年十二月二十六日付)

しかし、ここで大きな壁が立ちはだかる。酒類製造免許の取得という高いハードルだ。道内で酒造りを営む会社に一〇〇年企業が多いのは、企業努力もさることながら、新たな酒蔵の誕生がいかに難しいかのあらわれかもしれない。

最終的な製造場設立の認可は、対象となる設備がすべて整っていなければおりず、最終結果が「不許可」となれば、すべては水泡に帰すことになる。先にこの事業には行政からの補助金が出ていないと書いたが、こうしたリスクがあるとなれば、補助金の申請もなかなか難しいというのが実情だろう。

こうした厳しい条件に立ち向かう塚原氏の挑戦を支えたのは、前出の上川町長をはじめとする上川町の人々の協力に負うところも大きかった。仮に町の対応が、外部からの参入者に対して距離をおくものであれば、難題山積みの酒蔵造りという夢を実現することは難しかったかもしれない。

上川町の全面的なバックアップを可能にした背景には、「大雪　雪の森ガーデン」の開設にともない、三國プランニングの主導で「おもてなし実行委員会」を立ち上げ、町を挙げて人を呼び込むための仕組みづくりを行なっていたことがある。実行委員会では、全町民を対象にした「おもてなし」の講習会や、レストランでのサービス研修なども実施したという。

町民の意識も徐々に変わっていく。酒蔵の建設が進む最中に、ボランティア組織「酒蔵支えTai」が結成されたことも、そうした意識の表れであろう。当初は八人で始まった小さな組織で、建設中に醸造タンク搬入の手伝いなどを行なっていたが、現在は二〇人ほどに増え、蔵周辺の清掃をはじめ、イベントなどの裏方として酒蔵を支えている。

酒蔵支えTaiのメンバー・谷脇良満さんは、「酒を飲んでくれた人が笑顔になるために少しでも力になりたい」(「北海道新聞・旭川上川版」二〇一七年十二月二十三日付)と話している。こうした全町あげての応援もあって、ついに二〇一七年五月、酒造免許の取得にこぎつけた上川大雪酒造は、同年十月から本格醸造をスタートさせたのである。

杜氏(製造責任者)として就任したのは、以前、金滴酒造での酒造りで日本酒ファンにその名を知らしめた川端慎治氏である。

▼異色の経歴を持つ杜氏も参画

杜氏である小樽出身の川端氏の経歴も異色だ。金沢大学在学中、能登杜氏四天王の一人である農口尚彦氏の醸す「菊姫」の大吟醸に感動したことをきっかけに、杜氏の道を目指したという。

その後、全国各地の蔵元で修業を積んだ川端氏は、二〇一〇年（平成22）、民事再生で再建を目指していた新十津川町の金滴酒造で杜氏となるべく北海道に戻ってきた。川端氏の手掛ける日本酒はすぐに評判となり、二〇一〇年の全国新酒鑑評会では、道産米・銀風で醸した大吟醸酒金滴で金賞を受賞する快挙を成し遂げたのである。

二〇一四年に金滴酒造を辞したあと、杜氏の仕事を休んでいた川端氏に、塚原氏が「全量道産酒米で日本酒を造りたい」と声をかけた。

かつての北海道米は、「鳥またぎ米、猫またぎ米」と揶揄される品質の悪さで知られていた。しかし、それは過去の話である。現在は技術と改良を重ね、ブランド米「ゆめぴりか」などを代表する全国一の米どころとなっている。

ところが酒米となれば、話は別である。独特の味わいを持ちながら、飲みやすい酒を造るとなれば、どうしても山田錦や雄町、五百万石などの本州産酒米が主流となってしまう。そのため、道産米を使った酒造りを手掛ける道内の酒蔵でも、道産米を全量使用する蔵はなかった。

そうした道内酒造界の常識を破り、上川大雪酒造は北海道産酒米を全量使った、北海道初の純米酒づくりに挑戦しようとしていた。それだけに、金滴酒造で道産酒米と格闘してきた川端氏は最適任者であった。むしろ、川端氏という杜氏の存在こそが、上川大雪酒造の成功の要であるともいえよう。川端氏がどこにも所属していないタイミングであったからこそ、事がスムーズに運んだわけで、偶然とはいえ塚原氏の情熱があればこその賜物だろう。

▼町を元気にするオープンな酒蔵

二〇一七年（平成29）五月にオープンした上川大雪酒造の酒蔵施設「緑丘蔵」も、これまた異例中の異例ともいえる経緯で建設されている。まず、構想から完成までわずか十カ月という短さに驚かされる。このタイトなスケジュールでの設計・施工に挑戦したのが、どさんこ建築士の大島有美氏（アトリエオンド一級建築士事務所）である。

酒蔵を手掛けるのは初めてという手探り状態のなか、短期決戦でこの大仕事をやり遂げた大島氏。完成した酒蔵は83坪と小さいが、2階に造られたデッキの窓からは、酒づくりの様子を見学できるのがユニークだ。

これまでの酒蔵は、酒づくりの決め手となる酵母というデリケートな素材を扱うため、外部の人間を遮断する必要があった。それだけに、来る人を拒まないオープンな酒蔵となった「緑丘蔵」は、従来の酒蔵のあり方から見れば極めて斬新といえる。

そして、小さい蔵だからこそ、金をかけずに人を呼び込むため、酒づくりの現場を手軽に見てもらうという発想が生まれたのだという。大島氏は雑誌などのインタビューで、「ヒントは旭山動物園の行動展示」と冗談まじりに話す。

塚原氏は完成したこの蔵を、「地域創生蔵」と表現した。それは、上川大雪酒造の酒蔵が「この町を元気にするためにある」(塚原氏の弁、「北海道新聞・旭川上川版」二〇一七年十二月二十三日付)からだ。そして完成した日本酒も、上川町近辺の特約店か一部オンラインショップでしか購入できない。これも、上川町に人を呼び込むという目的あってのことなのである。

人口約三七〇〇人という小さな町のまちおこしは、北海道のガーデンムーブメントから、日本でも異例の小さな酒蔵というイノベーションを導いた。その存在は、借りもののまちおこしではなく、まさしく町民の誇りとなりつつある。

▼明治期に始まる北海道のワイン醸造

北海道の酒といえば、ビールを最初にイメージする人が多いだろう。なにせ日本初のビール工場は、一八七七年(明治9)に札幌市苗穂で開業しているからだ。明治初期の勧業振興の一環として誕生した官営の「開拓使麦酒醸造所」がそれで、実はその敷地の一画に「開拓使葡萄酒醸造所」があったことは、あまり知られていない。

この施設で最初に醸造されたワインは、その量8石(約1440リットル)。周辺の山野で採れたヤマブドウを使ったものだった。開拓使(明治政府)はビールとともにワインも、輸出品に育てようとしていたのである。

そのため、早くも一八七六年、開拓使は札幌本庁構内でブドウの試験栽培を始めている。このブドウは、渡島にあった「七重官園」で栽培されたブドウ数千株を移植したものだ。そもそも七重に官園ができたのは、一八七〇年にドイツ人のR・ガルトネルが作った農園に端を発する。つまり、北海道におけるブドウ栽培の歴史は、ここに始まったのである。

その後もヨーロッパ品種を輸入しながらブドウ農園は拡大を続け、札幌の農園も100ヘクタールを越えるまでになっていく。つまり、北海道におけるブドウ栽培はまず、生食用ではなくワイン製造を目的に始まったことは、特記すべきであろう。

しかし、勧業振興事業を奨励した開拓長官の黒田清隆が、官有物払下げ事件の責任をとって辞任し、開拓使も一八八三年に廃止されてしまう。いったんは、北海道庁の所管事業となった開拓使麦酒醸造所だが、のちに大蔵喜八郎、渋沢栄一ら財閥系による共同経営の道を歩むことになる。

一方の開拓使葡萄醸造所は、一八八八年に桂二郎（政治家で陸軍大将の桂太郎の弟）に払い下げられたのち、能登の谷七太郎に売却される。が、ビールの興隆と相反して、ワインは当時の大衆に受けいれられず、ついには廃業してしまう。

▼池田町で復活した新たなワインづくり

それから七十年――北海道で新たなワインづくりが始まった。それは十勝の池田町である。

きっかけは、一九五二年（昭和27）三月四日に十勝地方一帯を襲った、マグニチュード8・2の大地震がきっかけとなった。

池田町はこの地震で最大震度6を記録し、大きな損害を受けた。町は復旧のために大きな財政赤字を抱えることになり、四年後の一九五六年には財政再建団体に指定されてしまう。その翌年、池田町長に当選したのが、十勝日日新聞編集局長を務めた、当時三十七歳の丸谷金保氏である。当選時には、道内初の社会党町長として大きな話題を集めた。

若き町長が池田町復興の指針としてまとめたのが、一九六〇年に発表した「新農村建設事業計画」である。ここで丸谷町長は、新たな産業振興ではなく、町の基盤である農業を活かし土地を有効利用して、生産・加工から販売までを、すべて地域住民と自治体が主体となって手がけることを目指した。一次産業としての農林漁業と、二次産業としての製造業、そして三次産業としての小売業等の事業を、一体的な推進を図り、地域資源を活用した新たな付加価値を生み出す〝六次産業化〟を考えたのである。

町を代表する産物として丸谷町長が着目したのは、秋になると山野に自生する山ブドウだった。そこにブドウ栽培の可能性を見出した丸谷は、一九六一年からブドウの試験栽培をスタートさせ、翌年には町内の山ブドウの調査と研究を目的に「池田町農産物加工研究所」を設立した。

六三年には、旧ソ連のハバロフスク極東農業研究所に、池田町のブドウの成分調査を依頼し、ワインに適する品種であることが確認される。さらに、自治体初の酒類試験製造免許を取得したことで、町内の山ブドウで仕込んだ第一号ワインを翌年、ハンガリーのブダペストで開催された国際コンクールに出品。見事、銅賞を受賞する。この受賞により、池田町でのブドウ栽培は目的をワイン製造に限定し、本格的なワイン醸造を目指して「池田町ブドウ・ブドウ酒研究所」を誕生させた。

ところがそんな矢先、ブドウ畑を大冷害が襲う。ほとんどの苗木が枯れてしまう事態に陥るが、この逆境がさらに大きな飛躍へと結びつく。寒さにも枯れずに残った苗木を野生のブドウと交配し、寒さに強い品種開発へ繋げたのである。

新たなブドウ品種開発のため、一〇万粒以上、約二万一〇〇〇種もの交配を続けた結果、生まれたのが「清美」や「山幸」である。池田町ワインの将来を担う新品種の誕生であり、ここから地域ブランド「十勝ワイン」は始まった。

▼ワインによる観光振興でまちを復興

六〇年代から始まった池田町のワインづくりだが、たとえば一九六〇年の日本におけるワイン消費量は、年間400ミリリットルほどしかなかった。しかし、O．I．V．（国際ワイン・ブドウ機構）の統計によると、二〇一五年の日本の一人当たりの年間ワイン消費量は、3・2リットルに達している。この半世紀で実に約八倍にも増えたのだ。

この時代、ワインは日常生活のなかでほとんど飲まれなかった。いくら町の復興事業とはいえ、この消費状況で町の基盤産業とすることは難しい。しかも、本格的なワインづくりを目指したため、甘いポートワインの味しか知らない当時の人々から十勝ワインは、酸っぱくて渋いと不評を買っていたのである。

そこで、町民の意識とワインの価値観を変えるために、町の主催でワインと相性のいい肉の料理法や洋食マナーの講習会を行なった。さらに、一九七〇年にはワインとの相性の良い牛肉振興のために、多頭飼育実験牛舎や大規模な育成牧場の整備を始めている。こうした多面的な取り組みを続けるなかで、七四年に完成した「ワイン城」が池田町に新たなイノベーションをもたらす。

本来は、ワイン工場として建てたこの施設を観光名所にするため、池田町はさまざまな工夫を凝らした。まず、建物の外観を西洋の城を模したデザインにするとともに、施設内に見学コースを設け、試飲コーナーや売店、地元産の牛肉を使ったステーキやハンバーグを提供するレストランも併設。折よくワインブームが到来したこともあり、オープン当初は年間約六〇万人もの観光客が池田町を訪れたのである。

前出の上川大雪酒造「緑丘蔵」と同様の狙いではあるが、いまから四十年以上も前にそうした取り組みを地方自治体が行なっていたことに驚かされる。丸谷町長が着目したワイン製造は、当時はずいぶんと時代に先駆けた取り組みだった。しかし、それをいち早く観光に結びつけたことで、その後に到来したワインブームにいち早く乗ることができたわけだ。

しかし、変革は一日にして成らず。十年以上の歳月をかけ、苦難に負けず続けた地道な研究と工夫が、まちを復興へと導いたのである。

▼さまざまな取り組みで国内生産量第2位に

そして、二〇〇〇年以降になると、北海道で新たなワインづくりのスタイルが確立されていく。それは、ブドウ栽培から醸造までを一貫して手掛ける、小規模なワイナリーの誕生である。二〇一四年までの十五年間で、実に二十一軒ものワイナリーが設立され、それぞれが個性的なワインを生み出している

二〇一八年現在、道内のワイナリーはすでに三十五軒にのぼっている（北海道農政部生産振興局農産振興課調べ）。二〇一四年度における日本国内のワイン生産量は、1位の山梨県4930キロリットルに次いで、北海道は第2位の2402キロリットルに達した（ちなみに第3位は長野県の2396キロリットル。国税庁「平成26年度統計年報」より）。池田町がワイン製造を手掛けた当初、〝酸っぱい〟〝渋い〟とその味を酷評された時代とは隔世の感がある。

このイノベーションを生んだ最大の要因は、寒冷地での栽培は難しいといわれてきた高級赤ワイン用ぶどう品種であるピノ・ノワールが、気候変動の影響で余市や空知地方での栽培が可能になったことにある。道産ピノ・ノワールによる道産ワインの誕生により、ワイン市場のさらなる拡大が期待されている。

さらに、地方創生を推進する政府が地域限定で規制緩和を行なう、構造改革特区の影響も大き

い。一九九八年ごろ、ポリフェノールによる健康効果が注目を集めたことから赤ワインブームが起こり、過去最高の国内消費量を記録した。そうしたなか、北海道で栽培される醸造用ブドウが、本州のワインメーカーから注目されるようになり、本州資本も含めたワイナリーが徐々に増えていく。

そして二〇一一年、余市町が構造改革特区に認定され、「北のフルーツ王国よいちワイン特区」が誕生。これにより、わずか2キロリットルの少量生産でもワイナリーを設立できることになったのだ。その三年後の二〇一四年には、ニセコ町に「ニセコ町ワイン特区」、二〇一七年には仁木町に「NIKIワイン特区」が生まれている。

こうした特区の設置によりワイナリーの新設が促進されることで、醸造用ブドウの原料供給地としての北海道のさらなる成長が期待されている。北海道農政部が発行する「醸造用ぶどう導入の手引き」（2018年3月）をみると、醸造用ブドウの生産数は二〇一三年度に395ヘクタールだったが、二〇一五年度には450ヘクタールを目標としており、113パーセントもの拡大を目論む。生産量に至っては、1560トンから2510トンへと、実に160パーセントの増産を見込んでいるのだ。

一八七〇年（明治2）に開拓使が北海道で興したワイン醸造は、一五〇年の時を経て、世界の高級ワインに迫る「日本ワイン」（国産ブドウを100パーセント使用し、国内製造されたワイン）の主要産地に成長したのである。

▼北海道で八十年ぶりに誕生した蒸溜所

最後に、厚岸町で起きた酒類製造のイノベーションを紹介したい。それは、二〇一六年十一月から稼働を始めた、道東・厚岸町の「厚岸蒸溜所」である。北海道に誕生したウイスキー蒸溜所としては、余市町のニッカウヰスキー以来なんと八十年ぶりのこととなる。

この蒸溜所を設立したのは、東京で食品原材料の輸入などを手掛ける堅展《けんてん》実業だ。社長の樋田恵一氏はウイスキー愛好家で、スコットランドのアイラ島で蒸溜されるアイラモルトのようなウイスキーを日本で作りたいと考えたという。アイラモルトとは、ピート（泥炭）によるスモーキーな香り（ヨードとか薬に似た香りともいわれる）づけが特徴のウイスキーで、地域的特徴が色濃く反映されているといえる。

そうした個性的なウイスキーづくりをめざして、樋田氏が選んだ場所が厚岸の地だった。アイラ島と厚岸は、気候の上でもよく似ている。冷涼で湿潤、年間を通して朝と夜の寒暖差が大きく、そしてスモーキーなウイスキーに不可欠なピートが周辺で入手できた。

そもそも泥炭自体、国内では北海道以外にほとんど堆積していない。しかも厚岸は、海藻を含むタイプと、内陸の高層湿原地帯にあるタイプという二種類の泥炭地層を有する土地なのだ。そして、酒づくりに欠かせない水は、湿地の生態系を保存するためのラムサール条約で守られた、ホマカイ川の流れから取水できる。

これまで厚岸といえば、カキ（蠣）の産地というイメージしか持たれていなかった。しかし、だからこそ、この土地に価値があったというべきなのだろう。

その肝心のウイスキーは、三年以上熟成しなければウイスキーとは名乗れないスコットランドの規定に従い、ひとまず「ニューボーン」と名付けて、二〇一八年二月二十七日から段階的に、樽詰めする前の透明なノンピート原酒四種の限定販売を始めている。

本格的なウイスキーのお披露目は、二〇二一年以降を予定している。麦芽（モルト）はスコットランドから輸入したものだが、ゆくゆくは自社栽培の大麦からとった麦芽、厚岸の二種のピート、水、そして町有林で生育したミズナラを樽に使った、100パーセント厚岸産のウイスキー製造を目指しているという。

果たして、本場アイラモルトを凌ぐウイスキーが、北海道で生まれるのか――。道東の小さな町で芽生えた酒類製造のイノベーションに、いま全国から熱い視線が注がれている。

［著者紹介］
鷲田小彌太（わしだ・こやた）
1942年、白石村字厚別（現札幌市）生まれ。1966年大阪大学文学部（哲学）卒、73年同大学院博士課程（単位修得）中退。75年三重短大専任講師、同教授、83年札幌大学教授、2012年同大退職。
主要著書　75年『ヘーゲル「法哲学」研究序論』（新泉社）、82年『書評の同時代史』86年『昭和思想史60年』90年『吉本隆明論』（以上　三一書房）、91年『大学教授になる方法』（青弓社）、96年『現代思想』（潮出版社）、2007年『人生の哲学』（海竜社）、2012年（～17年　全5巻全10部）『日本人の哲学』15年『山本七平』17年『生きる力を引き出す 超・倫理学講義』『【最終版】大学教授になる方法』（以上 言視舎）ほか、ベストセラー等多数。
井上美香（いのうえ・よしか）
1963年北海道札幌市生まれ。フリーライター。著作『【増補・改訂版】北海道の逆襲』『北海道人が知らない北海道歴史ワンダーランド』『クドカンの流儀』（言視舎）『なぜ、北海道はミステリー作家の宝庫なのか？』（鷲田小彌太との共著、「亜璃西社」）。

本文DTP制作………勝澤節子
編集協力………田中はるか
装丁………佐々木正見

イノベーションの大地　北海道
変革をもたらす人・発想・現場

発行日❖2018年6月30日　初版第1刷

著者
鷲田小彌太＋井上美香
発行者
杉山尚次
発行所
株式会社言視舎
東京都千代田区富士見2-2-2 〒102-0071
電話 03-3234-5997　FAX 03-3234-5957
http://www.s-pn.jp/
印刷・製本
モリモト印刷㈱

ISBN978-4-86565-124-9 C0036